Charles Bashige Atsi Bushige

Connaitre son milieu pour le developper

Charles Bashige Atsi Bushige

Connaitre son milieu pour le developper

Actes des Conférences Universitaires de l'ISP-Kasongo

Éditions Croix du Salut

Imprint
Any brand names and product names mentioned in this book are subject to trademark, brand or patent protection and are trademarks or registered trademarks of their respective holders. The use of brand names, product names, common names, trade names, product descriptions etc. even without a particular marking in this work is in no way to be construed to mean that such names may be regarded as unrestricted in respect of trademark and brand protection legislation and could thus be used by anyone.

Cover image: www.ingimage.com

Publisher:
Éditions Croix du Salut
is a trademark of
International Book Market Service Ltd., member of OmniScriptum Publishing Group
17 Meldrum Street, Beau Bassin 71504, Mauritius

Printed at: see last page
ISBN: 978-3-8416-1994-5

Prof. BASHIGE ATSI BUSHIGE Charles

Directeur du Centre de Recherche de

L'Institut Supérieur Pédagogique de Kasongo

Actes du Cycle de conférences universitaires de l'I.S.P / KAsongo : 2017-2018

CONNAITRE SON MILIEU POUR LE DEVELOPPER

LA CULTURE AU CŒUR DU DEVELOPPEMENT DE L'AFRIQUE

Contributeurs

- Prof. BASHIGET ATSI BUSHIGE Charles, Directeur du Centre de Recherche de l'I.S.P- Kasongo.
- NTONDO CIGOSHOLE Clovis, Ass. du Professeur Bashige A. Charles (Assistant des recherches).
- KAYUMBA IDRISSA BIN RAMAZANI, Assistant à l'I.S.P- Ksongo.
- SUMBU MANYONGA, Assistant à l'I.S.P./Kasongo.
- WASSIA FERUZI Clément Assistant 1/I.S.P-KASONGO.
- Augustin ZAKUANI MTANGALA, Assistant à l'I.S.P/Kasongo.

Table des matières

Avant-propos

L'une des missions dévolues à l'Enseignement Supérieur et Universitaire en République Démocratique du Congo et partout ailleurs, est la recherche scientifique. Dans cette optique, il été créé au sein de l'institut Supérieur Pédagogique de Kasongo (ISP-Kasongo en sigle), une cellule de Recherche sous la direction du Professeur Bashige Atsi Bushige Charles. Cette cellule a pour objectifs principal l'encadrement du personnel académique et scientifique de l'ISP-Kasongo, ceux d'autres institutions Supérieures implantées dans le territoire de Kasongo plus particulièrement et dans la province du Maniema en général.

Le présent ouvrage est le premier fruit de la cellule de Recherche de l'ISP-Kasongo. Son contenu est une recherche de compréhension de l'histoire de la naissance de cette entité administrative dénommée Kasongo, son espace géographique et le système d'intronisation de son pouvoir traditionnel, le Bwami. C'est en vue du développement de ce milieu, de cette entité que son histoire nous a paru utile. Dans cette perspective, les écueils de la Rébellion Simba Muleliste nous aideront à percevoir l'impact politique sur l'évolution de la cité de Kasongo.

Et comme l'histoire ouvre sur le présent pour un futur meilleur, des questions plus actuelles viennent enrichie le débat. Alors surgissent les questions de santé pour tous en réfléchissant sur les méthodes contraceptives devant une population toujours en croissance. A ce niveau, il était nécessaire d'évaluer le degré de connaissance de ces méthodes par la population de Kasongo. A ces questions, s'ajoutent deux autres : celle de la culture ouvrant ainsi sur une question écologique du rapport homme-nature pour un développement soutenable. Et comme l'Institut Supérieur Pédagogique a une vocation didactique, un des chercheurs s'est penché sur la maitrise de la langue d'enseignement, à savoir le Français pour corriger les fautes stylistiques et syntaxiques souvent commises par les élèves du secondaire.

Ce premier essai de communication est un ensemble des réflexions faites par des membres du personnel scientifique de l'ISP-Kasongo sous l supervision du Directeur de la cellule de Recherche, le Professeur Bashige Atsi Bushige Charles sur demande du Directeur Général de ladite institution, le Professeur Abbé Tata Pontien que nous remercions pour son souci permanent d'action pédagogique dans le développement de Kasongo en particulier et de la République Démocratique du Congo en général

Le Directeur de la cellule de Recherche,

BASHIGE ATSI BUSHIGE Charles

Professeur Associé

ETAT DE LIEU DE L'ISP/KASONGO

1. Historique

Le Sud-Maniema compte plus de la moitié des écoles secondaires organisées dans la Province du Maniema. Cependant, ces écoles souffrent depuis des années d'une carence criante des enseignants qualifiés hypothéquant ainsi la formation assurée aux apprenants qui leur sont confiés.

Plusieurs initiatives ont été menées pour l'ouverture d'un Institut Supérieur Pédagogique à Kasongo mais pour diverses raisons elles étaient souvent vouées à l'échec. Grâce à Monsieur Victor MUSSA, un fils du terroir résidant à Kinshasa, les démarches ont favorablement abouti à l'ouverture de l'Institut Supérieur Pédagogique de Kasongo, ISP/Kasongo en sigle.

2. Date de création

L'ISP/Kasongo est crée par arrêté ministériel n°281/MINESU/CABMIN/MML/CD/RB/2010 du 30 décembre 2010.
Le fonctionnement était effectif le 15 octobre 2011.

3. Filières organisées

N°	SECTIONS	DEPARTEMENTS
01	Lettres et Sciences humaines	* Anglais & Culture Africaine * Français-Langues Africaines * Histoire, Sciences Sociales & Gestion du Patrimoine
02	Technique	* Informatique de Gestion * Sciences Agronomiques & Vétérinaires * Sciences Commerciales & Administratives
03	Sciences Exactes	* Biologie- chimie * Géographie –Gestion de l'Environnement * Mathématique - Physique

<u>**Commentaire :**</u> Les étudiants formés dans les neuf départements pourront répondre au problème de la sous-qualification des enseignants dans nos écoles secondaires.

RAPPORTS HOMME-NATURE FACE AUX DEFIS DU DEVELOPPEMENT DE L'AFRIQUE

INTRODUCTION

Il existe une relation interactionnelle entre l'homme et l'environnement. L'accélération de la dégradation et la destruction des sources naturelles que l'homme impose à la nature caractérise la société actuelle. Ces problèmes sont souvent à la base de la crise écologique dont la cause principale est le non-respect de la nature. Cette crise laisse percevoir une conception selon laquelle les valeurs économiques, écologiques et sociales de la nature guident l'agir humain vis-à-vis de la nature. C'est pourquoi, avec les changements climatiques, la perte massive de la biodiversité, la pollution des écosystèmes, la transgression de la nature et l'épuisement des ressources, constituent un enjeu planétaire. Tous ces problèmes ont un impact à la fois économique et politique[1].

Au vue de toute cette situation alarmante, comment prévenir les défis et les conséquences des questions environnementales et écologiques en Afrique? Pour cette fin nous postulons une éthique de précaution en vue de préserver l'environnement et promouvoir ainsi la nature en tant que maison commune dont dépend totalement l'être vivant pour sa survie. Cette analyse se construit autour de trois points. Le premier sera une clarification conceptuelle. Le deuxième point élucidera les défis et les conséquences de l'agir humain sur son environnement. Le troisième proposera quelques pistes de solution pour une meilleure écologie fondée sur le respect de la nature.

I. CLARIFICATION CONCEPT UELLE

Avant de continuer cette réflexion, il convient de clarifier certains concepts. Comme personne ne saurait douter de l'affirmation selon laquelle le vie ne s'épanouit que dans des conditions appropriées, c'est-à-dire qu'il y a des conditions sans lesquelles, la vie n'est pas possible. Il s'agit d'expliquer ce que nous entendons par développement, par écologie et la relation homme-nature.

I.1. Le développement

Le terme développement, utilisé dans les sciences humaines, désigne l'amélioration des conditions et de la qualité de vie d'une population et renvoie à l'organisation sociale

[1] T. PIETENBERG et LYNN, *Economie de l'environnement et développement durable,* Paris, Nouveaux horizons, 2013, p.24

servant de cadre à la production du bien-être. Définir le développement implique de le distinguer de la croissance. La croissance peut contribuer au développement, mais tel n'est pas toujours le cas. Alors on parle, de la croissance sans développement quand la production des richesses ne s'accompagne pas de l'amélioration des conditions de vie. Inversement, même en l'absence de la croissance, la priorité donnée aux productions les plus utiles et une plus grande équité dans la distribution des biens produits améliore les conditions de vie des populations et favorise le développement qualitatif. Ceci dit, le développement relève davantage du qualitatif que du quantitatif. Le père G. Defour reprenant l'idée de F. Perroux estime que *« le développement c'est l'ensemble des changements dans les structures mentales et les habitudes sociales d'une population qui mettent celle-ci en état d'augmenter de façon durable son produit réel global »*[2]. Tout projet de développement apparaît ainsi comme un enjeu où chacun avec des cartes différentes et des règles différentes. Le développement se veut être la résultante des multiples interactions qu'aucun modèle économique ne peut décrire a priori, mais dont la sociologie et l'ethnologie peuvent tenter de découvrir les modalités. Ainsi dit, le développement est à la fois intégral et intégré car il touche tout l'être de l'homme. Pour cette raison, le développement doit être durable et soutenable.

Ce concept est le fruit de la cogitation de l'ancien premier ministre Norvégien Madame Gro Herlem Brundtland qui fut par la suite, la présidente de la commission mondiale de l'environnement et de développement. Pour elle, le soutenable développement est « *Le développement qui répond aux besoins du présent, à commencer par ceux de plus démunis sans compromettre la capacité des générations futures aux leurs »*[3]. La durabilité du développement chez Brundtland s'évalue par le présent mais également par l'avenir car l'action de la génération actuelle a toujours des répercussions sur celle de l'avenir. D'où la nécessité de prendre en considération cet aspect car cela éviterait des conséquences néfastes pour les générations futures. Tant de pays et systèmes politiques abordent toujours le concept « développement durable » car tout le monde sans exception aucune rêve une stabilité tant économique, morale, et sociale. Il ne s'agit pas seulement d'une croissance quantitative mais aussi et surtout qualitative.

Dans cette logique, l'on peut soutenir avec Beant Burgenmeir que le développement durable revêt trois caractéristiques principales ; il est de portée mondiale, il se fonde principalement

[2] G. DEFOUR, *Le développement rural en Afrique,* Bukavu, Ed. Badari, 1994, p. 31.

[3] A. COMPTE-SPONVILLE, *Dictionnaire philosophique*, Paris, P.U.F, 2001, p.276.

sur la question écologique et vise à lutter contre les injustices et les inégalités sociales en prônant une nouvelle éthique[4] pour la protection de l'humanité et son environnement.

I.2. Ecologie

Ce concept possède une racine groupe *Oikos* qui traduit la « maison » et *logos* qui signifie discours ou science. D'où étymologiquement le concept écologie traduit une science de l'habitat ou de la maison. On conçoit actuellement, depuis les travaux de Haeckel en 1966, comme « *une science qui étudie les interactions entre les individus (isolés ou en groupe), le milieu biotique (monde vivant : plantes, animaux, micro-organismes) et abiotique (non vivant : objet technique) qui l'entoure et dont il est partie. Ces interactions ont des conséquences sur le milieu et sur l'individu* »[5]. Ce concept fut initié par Haeckel biologiste allemand en 1966, il voulait désigner par celui-ci les rapports des êtres avec leur milieu et les écosystèmes. D'où un rapport de solidarité entre l'homme et la nature.

En effet, si chaque vie humaine, l'humanité dans son ensemble et toutes les autres formes de vie sont mêlées entre elles avec la géochimie de la terre dans une chorégraphie riche et complexe qui soutient la vie, nous dépendons tous et sommes tous responsables de la santé de l'organisme entier. Assumer cette responsabilité signifie vivre sur des modes qui renforcent le bien-être général de la biosphère ou nous vivons. Pour cela, l'homme doit passer de la vision impérialiste et dominatrice de la nature comme communauté dont il faut s'occuper. L'homme doit cesser de n'avoir que lui-même pour horizon au risque de s'auto asphyxier car en se survalorisant et en se définissant comme seul donateur de sens, il risque de détruire la nature et par ricochet se détruire lui-même. Voilà la raison de l'urgence, d'une action éthiquement fondée sur la nature et l'environnement qui nous héberge.

II. LES DEFIS ET CONSEQUENCES DE L'ECOLOGIE ET L'ENVIRONNEMENT EN AFRIQUE

Comme ci-haut mentionné, tout développement durable, tel que conçu actuellement fait appel à la dimension écologique et environnementale. Il est sûr que la primauté de l'écologie et l'environnement dans le développement durable n'est plus à démontrer. Aujourd'hui et depuis la nuit des temps la nature est ce que le pape François appelle « maison commune » celle-ci est le lieu de l'hébergement de l'homme et de toutes les espèces

[4] B. BURGEIMEIR, *Politiques économiques du développement durable*, Bruxelles, de Boek, 2008, p38.

[5] A. BEAUDART et N. BARAQUIN, *Dictionnaire de philosophie*, Paris, Armand colin, 2014, p. 16.

vivantes. C'est dans cette optique que le développement de l'homme est relativement lié à la question écologique et environnementale.

L'Afrique, aux conditions écologiques et environnementales agréables, est aujourd'hui en proie d'une rationalité béante, dont le souci majeur est l'avancement de la technologie. Avec cette situation les écosystèmes, l'environnement africains sont détruits et s'exposent à des risques qui tendent à saboter le paisible environnement africain. La crise écologique actuelle donne à réfléchir et surtout que certains africains en sont victimes sans être totalement responsables. Il faut dire que sur l'ensemble de la population mondiale, la contribution de l'Afrique est minime.

D'emblée, les ressources naturelles sont subdivisées en deux catégories : les ressources non renouvelables composées de matières premières minérales et les ressources renouvelables constituées de ressources biologiques, de l'eau et du sol. Les sécheresses et les inondations provoquent souvent un accroissement de la pression foncière dans certaines régions vulnérables, une migration de la population humaine et animale, une intensification de l'érosion des sols, et un avancement des cours d'eau, barrages et eaux côtières.

II.1. Fondements de la crise écologique

- ***L'essor de la technologie***

En Afrique comme ailleurs, l'essor de la technologie n'est plus à démontrer. L'africain est, aujourd'hui, à la quête de la transformation de son milieu. C'est dans cette optique qu'il développe des mécanismes et avec l'aide de la technologie pour pallier à cette situation. Mais il s'avère que la techno science a bouleversé les ressources naturelles et les richesses africaines. La techno science n'est pas une œuvre facile à appréhender. Elle a des répercussions néfastes en Afrique dans divers domaines. Le cas de pollution et la destruction de la couche d'ozone qui protège la terre contre le rayonnement ultraviolet. L'on constate qu'avec l'idée modernité que Edgar Morin nomme mondialisation, occidentalisation *« dégrade la biosphère de façon irrésistible aussi globalement que localement, c'est toute le dynamisme d'une civilisation issue de l'occident comportant le développement non-stop de la science de la technique, de l'industrie de la production ou de manque de régulation »* [6]. La technologie a également boosté l'industrie. D'où l'on constate également une prolifération des déchets. Ces derniers sont jetés pêle-mêle dans la nature. En RDC par exemple nombreuses sont ces industries qui ne respectent pas les normes écologiques et déversent leurs déchets

[6] E. MORIN, *La voie pour l'avenir de l'humanité,* Paris, Payot, 2009, p.131.

partout et sans contrôle. Pire encore des déchets chimiques au risque d'intoxication des paisibles citoyens.

- ***L'anthropocentrisme despotique***

Tout part du cogito cartésien, une véritable révolution épistémologique mais une aberration également. La cogitation de Descartes se veut réductionniste, elle exclut les autres êtres au profit de l'homme considéré maintenant comme « maitre et possesseur » de l'univers mais également « la mesure de toute chose » et comme l'affirmait Protagoras. L'homme est devenu le point culminant autour duquel toutes les activités doivent tourner, le centre de gravité. C'est dans cette optique que ce désir de domination cartésien aboutir à la recherche du rêve prométhéen, par conséquent tout ce qui n'entre pas dans le cadre de ses intérêts se trouve relatifs. C'est pourquoi « *Quand l'être humaine se met lui-même au centre il finit par donner la priorité absolue à ses intérêts et tout le reste relatif* »[7]. Dans cette optique, l'anthropocentrisme despotique engendre un relativisme tant moral que social et hante son esprit. C'est en fonction de cela que tourne toute son action.

- ***L'idéologie capitaliste*** **:** Avec celle-ci un relativisme moral nait. Tout s'inscrit dans la logique de l'homme. C'est dans cette optique que le professeur Gyavira MUSHIZI affirme en commentant *Laudato Si*, que la crise écologique n'est qu'une face, de loin la plus manifeste, de la crise éthico-sociale contemporaine. Plus simplement dit, si l'humanité et la planète toute entière sont en crise ou pire en danger de disposition actuelle, c'est à cause d'un mode de vie de l'exploitation de la planète basé sur la force et l'égoïsme qui, dans le cas présent profitent tout logiquement aux nations les plus puissantes de la planète » [8].

L'idée principale est l'élucidation d'une culture capitaliste que l'on peut qualifier de suicidaire en nous servant du concept du professeur Gyavira Mushizi. Cette culture prône une individualité sans repère. Toutes les actions de l'homme ne visent et ne doivent viser que son intérêt et l'on retombe dans une société calculatrice. Le capitalisme est l'un des facteurs de la crise écologique dans la mesure où il pousse l'homme à une surexploitation de la nature en vue de son intérêt humain. Le capitalisme ne se limite pas à la surexploitation de la nature mais également à celle de l'autre homme dans une forme de paupérisation. Il faut simplement dire que l'idéologie capitaliste se fait paupérisant et réduit l'homme et la nature en instrument et source de profit.

---

[7] FRANCOIS PAPE, *Laudato Si, Lettre encyclique sur la sauvegarde de la maison commune*, Liberia Editrice Vaticana, 2015, p.117.

[8] G. MUSHIZI, *In Revue de Philosophie Isidore Bakanja*, n°02, juillet2016, p.66.

II.2. Défis et conséquences écologiques en Afrique

Il faut dire que les conséquences écologiques sont bien remarquables en Afrique, malgré qu'elle participe de manière minime et faible, dans la pollution mondiale. L'Afrique est pourtant victime de la pollution des grandes puissances qui sont des vrais prédateurs de la nature et l'environnement. L'entrée de l'Afrique dans le marché et les échanges mondiaux est aussi l'une des raisons de ces conséquences l'apport de la science et de la technologie sont aussi des facteurs à énumérer. Celles-ci devaient pourtant contribuer à l'amélioration de la nature mais fort malheureusement le mauvais usage de la science aboutit à la dégradation de la nature et des espèces. Le progrès de la science a développé un fléau qui hante la nature, à savoir la pollution sous plusieurs formes :

- ***La pollution sonore*** : quantité de pays Afrique, la RDC par exemple et dans certaines villes, le bruit est un facteur à déplorer.

L'on constate par exemple une multiplicité des groupes qui produisent à longueur des journées et des nuits des bruits qui gêne la quiétude des autres (églises, conférences, groupe d'animation) avec des amplifications exagérées. Et pourtant cette pollution devrait être réglementée.

- ***La pollution de l'air*** : c'est surtout avec la production du dioxyde de carbone (co2) et certains autres produits chimiques nuisibles à la nature et à l'air que nous respirons. Signalons que parmi les grands pollueurs citons les entreprises chimiques, minières et industrielles pour qui les déchets volatils (gaz) ne sont pas bien gérer, les tuyaux ou conduits devant calmis ces déchets viables. Les déchets gazeux se volatilisent dans la nature. Le risque est relatif à certaines maladies comme la toux, le cancer pulmonaire, certaines maladies épidémiques. La pollution de l'air est aussi due à la propagation des matières minières toxiques par des industries minières mal gérées et certains minerais comme l'uranium qui produit une grande radioactivité. Au Katanga l'on a remarqué des malformations des nouveau-nés dont les parents travaillent dans des mines à cause des mines à ciel ouvert d'uranium. En abordant la pollution de l'air on aborde également le réchauffement climatique qui est dû à l'atteinte de la couche d'ozone qui nous protège contre les rayons ultraviolets avec « *le gaz carbonique émis par l'activité industrielle mais aussi le gaz méthane issus des rejets d'animaux et végétaux et d'autre gaz à effets de serre sont désignés comme responsable du réchauffement climatique, chaque année la terre se réchauffe d'environ par 6Gt* » [9].

---

[9] S. BRUNEL, *Développement durable*, Paris, Serf, 2009, p.83

- ***La déforestation :*** les forêts et les zones boisées jouent un rôle essentiel dans la survie et la prospérité des populations africaines : elles fournissent la nourriture pour les individus et le bétail, les plantes médicinales, les matériaux de construction et le combustible. Elles ralentissent l'érosion des sols, régule le climat et jouent un rôle important dans les activités socioéconomiques. La grande valeur économique, sociale, culturelle et environnementale des forêts africaines est tentée par la déforestation et la dégradation forestière

En Afrique, le sol et ses ressources ont une valeur économique, écologique et sociale considérable. En effet, la contribution de l'agriculture et de l'élevage à l'économie officielle, à la subsistance des populations nettes à l'emploi est importante. Les principales cultures sont les céréales, le café, le cacao, le coton, les fruits, les noix et les graines, les huiles, le caoutchouc, les épices, la canne à sucre, le thé, le tabacs et les légumes, les bananerais, les pommes de terres, les colocases et. Mais les forêts sont exploitées sans normes écologiques, mais sont usées pour l'exploitation mais aussi l'agriculture par brulis.

- ***La perte et la dégradation de la biodiversité*** : certaines espèces végétales et animales disparaissent à causes des conditions climatiques et environnementales invivables et le braconnage, c'est comme l'éléphant, les rhinocéros blanc pour ne citer que celles-là. Les problèmes liés à la dégradation de la biodiversité sont relativement lies à la déforestation et au réchauffement climatique. Certaines espèces animales et végétales disparaissent à cause des conditions climatiques inappropriées.

II.3. La gestion des déchets, un problème pour l'Afrique

L'accumulation des déchets est un problème majeur, en particulier pour les pays d'Afrique subsaharienne.il est important de changer de paradigme et de considérer les détritus non plus des matériaux sans aucune valeur, mais comme une ressource à valoriser. La croissance économique a été désignée comme principale coupable pour l'accroissement des déchets et des agents polluants[10]. Désirer, acheter, consommer, jeter et recommencer. Voici un processus simple que nous reproduisons tous les jours sans même nous en rendre compte. Aujourd'hui, dans le monde, en un an, plusieurs milliards de tonnes de déchets sont produites.si la grande majorité des pays développés a fait du traitement des ordures une priorité environnementale, politique et économique, d'autres nations beaucoup plus vulnérables n'arrivent pas à tenir le rythme et croulent sous les montagnes de détritus.

[10] B. BURGEMEIR, *Politique économique du développement durable,* Bruxelles, De Boeck, 2008, p.38.

Les villes les plus sales du monde se trouvent en Afrique, un continent où les décharges sont pleines craquer, où des matériaux toxiques, des équipements électroniques et techniques se mélangent aux ordures ménagères, où autant de déchets traînent dans des infrastructures archaïques que dans la nature ou dans les rues. Parmi les pays les plus touchés par ce phénomène nous voyons nos pays de grands lacs et d'autres le mali, le Niger, l'Ethiopie, le Tchad, la Tanzanie etc. ceci entraine un problème sanitaire.

La dégradation de l'environnement que la mauvaise utilisation de terres agricoles et l'élimination des arbres qui retiennent le sol en période de grandes pluies causent dans les régions de l'intérieur aggrave le problème. « Comme dans de nombreuses autres régions d'Afrique, les rejets de déchets solides et liquides non traités sont en train de devenir un problème de proportions majeures. A Maurice, les deux tiers de la population des côtes se débarrassent de leurs déchets en les jetant à la mer et aux Comores, il n'existe même pas d'installation de traitement des eaux usées »[11]. Le défi de l'Afrique est clair désormais : réussir à donner une deuxième vie aux déchets. En effet, les ordures ne doivent plus être considérées comme des matériaux sans aucune valeur, mais comme une ressource à valoriser pour en tirer des bénéfices économiques et sanitaires utiles pour tous.

II.4. Problème au niveau de la santé

La mauvaise gestion des déchets entraine des conséquences néfastes sur la santé humaine. L'entassement des détritus, les fumées récurrentes, les odeurs nauséabonde et des mouches prospérant autour des décharges sauvages contaminent les hommes et provoquent plusieurs sorte des maladies .La pollution de l'air provoque également des maladies dangereuses pour les populations obligées à vivre dans des quartiers non assainis. Selon l'Organisation mondiale de la santé (OMS), l'insalubrité environnementale provoque plus de 12,6 millions de décès par an, un chiffre qui devrait exploser dans les années à venir à cause du boom démographique que subit l'Afrique.

III. PERSPECTIVES D'AVENIR

Les défis ci-haut relevés nous donnent de la matière pour une réflexion sur la question environnementale et écologique en Afrique. Il faut dire qu'aujourd'hui plus que jamais la situation mondiale en matière de protection de la nature est alarmante c'est dans cette optique qu'il faut une éthique de l'environnement qui est, en effet, un effort de la prise en compte de

---

[11] http:/www.rfi.fr/afrique/20150302-francophonie-defis-journee-africaine-environnement-3-mars-wangari-maathai-changements-climatiques. Consulté le 06 avril 2018 à 21h

la nature comme lieu d'hébergement des toutes les espèces et qu'il faille une utilisation responsable des ressources environnementales. D'où la nécessité d'une éthique de l'environnement pour repenser l'action de l'homme sur la nature. Ceci se fera par :

III.1. L'assainissement des milieux de vie

La nature nous offre des biens que nous exploitons, ces derniers sont des ressources pour l'activité économique et solide. Toutes les matières à transformer sont extraites dans la nature. Les ressources sont de deux sortes (les renouvelables et le non renouvelables). Pour les ressources naturelles comme l'eau, il faut plutôt recourir au recyclage des eaux usées. Ceci se fera par un assainissement des milieux envahis par l'eau. Il faut aussi constater que les efforts sont fournis pour réhabiliter les routes. Fort malheureusement l'on prend soin de réhabiliter les routes sans toujours penser aux caniveaux (tranchées) pour la canalisation de l'eau afin de préserver longtemps nos routes.

Il faut également canaliser les eaux usées de nos ménages à la rigueur les recycler dans le but de ne pas les laisser déversées le long des sentiers au risque de formation des marées stagnantes ; lieu du développement des moustiques. L'assainissement de ce secteur diminue les nids des moustiques et la propagation de la malaria.

III.2. Une bonne gestion des déchets

Les déchets sont tous les restes organiques ou non organiques issus de la production des certaines entreprises industrielle, minières et ménagers. Ces déchets constituent un grand défi en Afrique car il faut reconnaitre que la production des déchets a sensiblement connue une ascension fulgurante. La grande préoccupation est celle de la gestion de tous ces déchets. Deux voies de recyclages des déchets sont envisageables. D'un côté leur recyclage et de l'autre côté l'utilisation du fumier dans la pratique agricole. Ce dernier travail est produit par la biosphère qui est *une usine de recyclage*[12] : *elle reprend nos déchets et les transforme pour en faire des nouvelles ressources*. Les déchets non organiques (plastique, verres) peuvent être réemployés pour la fabrication des briquettes et autres objets possibles.

III.3. Une éducation écologique : c'est au fait un changement de mentalité, un besoin de repenser l'action écologique dans le but de promouvoir « une citoyenneté écologique ». Pour cela, il faut dit le Pape François, une double action, une révision des programme d'éducations, il faut insérer les cours peut être d'écologie et de l'environnement pour un renforcement des

---

[12] D. GRISON, Vers une philosophie de la précaution, Paris, Harmattan, 2009, p.81

capacités. Il faut également assurer un partenariat dans le système éducatif (école – famille et détente) c'est au fait une sensibilisation à la protection de l'environnement : c'est dans cette logique que ce partenariat exige » une complémentarité de tous les intervenants dans l'action éducatrice comme un seul corps ». [13]

III.4. Une nouvelle considération des forêts : Les forêts africaines sont d'un grand apport dans la stabilité climatique du continent. C'est pourquoi il s'avère important de réduire toute action incontrôlée sur celles-ci dans le but de promouvoir une raisonabilité éthiquement fondée en matière de protection de nos forêts. Ceci implique qu'on doit déboiser une partie de la forêt et reboiser pour combler ce manque. Car si l'humanité n'est pas en mesure de sauvegarder la planète à travers ses forêts le développement durable est un leurre[14].

CONCLUSION

Au terme de notre réflexion il est important de souligner que le développement durable est une conception née de l'échec du concept de développement conçu à l'occidental. Celui-ci était taillé sous le modèle du capitalisme, la surexploitation était le maitre mot de ce courant économique contemporain. Face à cette surexploitation, l'on s'est pourtant rendu compte que les normes écologiques étaient bafouées et que la planète courait le risque de disparition. C'est dans cette optique que le modernisme économique prend en compte l'aspect de l'environnement pour la sauvegarde de la nature. C'était la principale quête de ce travail.

Nous avons voulu clarifier, en premier lieu, les concepts qui nous ont servi de base pour l'élucidation de la problématique écologique et environnementale. Ensuite, il a été question de relever les défis et conséquences de la prise en compte de la question environnementale en Afrique. Il s'est avéré qu'en Afrique multiples problèmes écologiques sont remarquables c'est notamment la pollution surtout dans des milieux urbain. Nous avons abordé également la problématique de la déforestation qui est un véritable problème car les forêts africaines ne sont plus respectées. Mais également la mauvaise gestion des déchets.

Face à tous ces problèmes, l'on a proposé une éthique de l'environnement fondée sur le respect de la nature et ceux qui y habitent. Bref, c'est le respect de la vie. Pour cela il faut repenser la technologie, que celle d'aujourd'hui fasse place à une technologie basée sur l'énergie solaire, hydraulique et éolienne, plutôt que celle du pétrole et autre minerais car le

---

[13] Abbé P. MUKATA, *Quelle éducation pour écologie responsable*, n revue de philosophie Isidore Bakanja, p.111

[14] S. BRUNEL, *Op cit*, p.65.

risque de pollution est grand. Les déchets et les eaux usées doivent être recyclés et canalisées. Les forêts doivent être respectées.

C'est pourquoi, les africains doivent faire preuve de maturité, Ils ne doivent pas s'adonner au suivisme comme l'affirme Gérard Buakasa. Mais ils doivent recouvrer une estime de soi, se considérer comme capable d'un développement de leur continent, *c'est aux africains de dire leurs choix, leurs orientations (...) ce n'est plus l'aide qui fonde l'avenir c'est l'avenir choisi et décidé par les africains qui appelle le développement, le fonde et le justifie* »[15].

[15] E. PISANI, *Pour l'Afrique,* Paris, Odile Jacob, 1988, p.220.

BIBLIOGRAPHIE

- Abbé MUKATA, P., *Quelle éducation pour une écologie responsable, In revue de philosophie Isidore Bakanja,* n°02, juillet 2016.
- BAUDART, A., et BARAQUIN, N., *Dictionnaire philosophie*, Paris, Armand Colin, 2014.
- BURGEMEIR, B., *politique économique du développement durable,* Bruxelles, De Boek, 2018.
- BRUNEL, S., *Développement durable,* Paris, serf, 2009.
- COMTE-SPONVILLE, A., *Dictionnaire philosophique*, Paris, P.U.F, 2001.
- DE BOURDEAU, A., *Les grands textes fondateurs de l'écologie*, Paris, Flammarion, 2013.
- FRANCOIS PAPE, *Laudato Si, Lettre encyclique sur la sauvegarde de la maison commune*, Vatican, Liberia éditrice, 2015.
- GRISON, D., *Vers une philosophie de la précaution*, paris Harmattan, 2009.
- MUSHIZI, G., *In revue de philosophie Isidor Bakanja*, n°02, juillet 2016.
- MORIN E., *La voie pour l'avenir de l'humanité*, Paris, Payot, 2009.
- MBADU KIA-MUNGUEDI, C., P*hilosophie et défi du développement en Afrique, pour l'éthique de la militane*, Paris, l'Harmattan, 2011.
- PIETENBERG, T, et LYNN, *Economie de l'environnement et développement durable*, Paris, nouveaux horizons, 2013.
- PISANI, E., *Pour l'Afrique*, Paris, Odile Jacob, 1988.
- **Webographie**
- http://www.rfi.fr/afrique/20150302-francophonie-defis-journee-africain-environnement-3-mars-wangari-maathai-changements-climatiques, le 06 avril, à 21h

Prof. BASHIGE ATSI BUSHIGE Charles
Professeur Associé

CULTURE ET DEVELOPPEMENT POUR UNE AFRIQUE LIBEREE

Face aux multiples défis auxquels l'Afrique fait face aujourd'hui, il s'avère urgent, surtout en ces périodes des crises, de repenser le développement pour l'Afrique et par les Africains. Point n'est plus besoin d'importer le modèle de développement ou de considérer certains Etats prétendument développés du Nord comme des prototypes en la matière alors qu'au fond les réalités sur terrain sont de loin paradoxales. L'Afrique a besoin d'un développement intégral et intégré. Lequel développement tiendra compte non seulement de l'amélioration des structures des bases (infrastructures) mais aussi et surtout celui tenant compte de la dignité humaine. Et tenir compte de la dignité humaine, c'est respecter c'est respecter l'homme et ce qui inhérent à sa vie (sa culture) sans quoi il ne restera qu'un vase creux. Cette réflexion se veut une convocation à la responsabilité. Elle invite tout africain de prendre son destin en main afin de définir les voies et moyens pour que l'Afrique, cette mère soucieuse de la justice, l'égalité, la paix, l'amour ; rongée jusque dans ses entrailles par les guerres à répétions, les conflits tribaux et claniques, les conflits des pouvoirs et d'intérêts voie naitre l'ère de l'espérance.

Quel type de développement faut-il pour libérer l'Afrique de ses multiples jougs ? Faut-il un développement qui donne le primat sur l'avoir avec tous ses travers ou opter pour un développement visant à améliorer les conditions de vie de l'être africain ? N'y aurait-il pas une manière africaine de se développer ?

Cette dissertation tentera de répondre à ces préoccupations en trois étapes fondamentales. Dans un premier temps nous passerons à la clarification des concepts : culture, travail et développement pour dissiper tout galvaudage conceptuel dont parfois ces mots sont victimes. Ensuite, nous présenterons, succinctement, quelques éléments justifiant posant la culture africaine comme pouvant être une base sur laquelle le développement de celle-ci serait possible. Enfin, il sera question, dans la troisième partie, le type de développement qu'il faut pour l'Afrique et le type d'homme qu'il faut pour l'émergence d'une Afrique décloisonnée et fructueuse.

Ceci dit, le développement en Afrique aujourd'hui, se voudrait être intégratif, c'est-à-dire un développement qui ne vise pas seulement l'avoir ou son accumulation comme cela est le cas dans la culture consumériste de ce siècle, mais aussi et surtout améliorant les conditions de l'homme africains. Cette dissertation se propose d'établir les conditions de possibilité d'un développement rendu effectif par la culture. Le développement en Afrique doit tenir compte à la fois des facteurs culturels et spirituels des peuples africains et des facteurs liés à la civilisation industrielle. Il s'agit ici de re-conlier la tradition et la modernité pour un développement réussi. Cette réussite devrait nécessairement être justifiée par un développement qui se voudrait intégral, communautaire, social et culturel conduisant ainsi à l'amélioration qualitative de la vie et au bien-être collectif.

I. CONSIDERATIONS GENERALES ET CLARIFICATION CONCEPTUELLE

I.1. Du concept « culture »

Pour R. De Haes, *« la culture est la manière dont un groupe vit, pense, sent, s'organise lui-même, célébré et partage la vie. Dans chaque culture, il y a des systèmes de valeurs sous-jacents, des significations et des visions du monde qui s'expriment visiblement dans le langage, les gestes, les symboles, les rites et les styles »*[16]. Comme cela apparait limpidement dans ce passage, pouvons-nous dire non sans raison que l'Afrique regorge d'un potentiel culturel important au vue de la multiplicité des peuples qui l'habite. Le démantèlement de la culture envisagé par les colons et leurs ouailles, les missionnaires, a créé un fossé considérable au sein de l'homme africain visiblement désenchanté et désaxé culturellement.

Les devises « *tabula rasa, l'Afrique n'a pas des cultures* » dont se servirent certains créoles, parfois mal intentionnés, voulant dénuder l'Afrique pour l'habiller d'une carcasse creuse demeure aujourd'hui un véritable démenti. L'homme africain est foncièrement ancré dans sa culture, ses us et coutumes et rien ne peut se faire, si du moins c'est pour son vrai bonheur, pour lui sans référence à cette réalité vitale. Sa culture, c'est son mode de vie, c'est sa pensée et sa vision du monde. Tout processus de développement qui n'en tiendra pas compte se verra anéanti et fragilisé, comme fut le cas des ajustements structurels dont les travers et les limites sautes droit aux yeux. L'exemple le plus frappant est celui de l'installation de la démocratie dans certains Etats d'Afrique où demeure encore comme à l'époque des pères de la nation l'idée minable des autorités morales, des présidents à vie, des élections truquées ou parodies d'élections, des contestations des résultats des urnes, les dictatures et l'exploitation,... Ceci revient à dire que, le développement de l'Afrique ne peut être envisagé sans une prise en compte de sa culture. On doit donc partir d'elle pour penser un développement pour l'Afrique, en Afrique et aux africains. Ainsi, ce développement résultera de la culture dans la mesure où l'africain sera et restera lui-même au centre du progrès de son milieu tout en étant ouvert aux différentes réalités du monde en pleine mutation. J. Ki-Zerbo

[16] R. DE HAES, « culture Africaine, Démocratie et Développement Durable », In *Actes des VIIè journées philosophiques de la Faculté Saint Pierre Canisius/Kimwenza,* éditions Loyola, Publications Canisius, 2005, p. 7.

dit à ce sujet : *« Oui au modernisme technique mais surtout oui à la personnalité africaine. Oui à la science universelle, mais oui aussi à la science africaine »*[17].

Partant de ces considérations, le savant africain s'en va en guerre contre toute aliénation mentale dont sont victimes bon nombre de nos frères qui vacillent en même temps entre la pauvreté anthropologique et la pauvreté matérielle. L'homme aliéné est un prisonnier de ses propres caprices. Il est vide en lui-même et colonisé mentalement. Or, la colonisation mentale est plus grave que la colonisation physique. Il en appelle donc à une connaissance approfondie de la science et du progrès technique du monde moderne et à une prise de conscience des valeurs culturelles et morales pivot de tout développement humain. Que cette maitrise de la science moderne nous permette d'être plus nous-mêmes pour un mieux-être. La personnalité africaine est notre dignité et personne ne peut nous la dérober.

En effet, l'afflue interminable des migrants, des clandestins et des sans-papiers en Europe sèment aujourd'hui terreur et désolation par rapport à l'avenir de l'Afrique en particulier et du monde en général. Pourquoi devons-nous prendre les risques combien mortels pour la traversée de la méditerranée ? Pourquoi devons-nous croire que le bonheur n'est qu'au nord oubliant que l'inverse est vrai ? Comment changer cette tendance pour que dans les jours avenir l'africain se sente heureux chez lui et qu'il comprenne que son apport est considérable pour la construction de sa patrie ?

Les expériences fâcheuses de la gestion de la chose publique en Afrique prouvent à suffisance qu'il est temps de rompre avec le mercenariat et le paternalisme occidental. Beaucoup de nos Etats africains sont dirigés, en tout cas, par des mercenaires, des loups féroces n'ayant dans leur esprit rien d'autre que la politique du brigandage et de l'exploitation de leur peuple pour les seuls intérêts de leurs parrains « politiques ». Il manque pour l'Afrique d'aujourd'hui des hommes politiques et/ou des leaders encré dans la culture africaine ; capables de sauver devant la face du monde la dignité de l'homme africain en ce temps vilipendée à temps et à contretemps. Un leader qui comprend exactement ce que vaut *« l'african personnality »*[18], pour emprunter encore une fois le vocable du professeur J. Ki-Zerbo ; un homme qui accepte de travailler pour l'ntéret de toute la *res publica* jusqu'au prix

---

[17] J. KI-ZERBO, *l'Histoire de l'Afrique d'Hier à Demain,* Paris, Hatier, 1978, p. 644.

[18] Par *« african personnality »,* il faut entendre ces traits culturels et distinctifs de l'homme africain. Il est dénoué de tout égoïsme, individualisme et de toute antivaleur. La personnalité africaine en plus d'être une conduite morale, elle une conviction, une philosophie poussant l'homme à travailler pour l'intérêt des siens, de la communauté toute entière par-delà ns différences idéologiques et religieuses. Elle rattache les dirigeant à leurs dirigés et tous constituent une unité dialogale. Certes, la gestion actuelle de la chose publique en Afrique est loin de revenir à ces valeurs ancestrales jugées à tort par certains émules de la modernité comme obsolètes et désuètes.

de son sang comme firent nos leaders : Kwame N'Kruma, P. E. Lumumba, T. Sankara, … Un des constats amer en ce siècle qui se distingue dans le bouleversement des mœurs est le rejet des traditions, des coutumes et des cultures au profit d'un mimétisme inouï. Cette attitude déconcertante place les nouvelles générations en déséquilibre avec le passé.

Dans un monde contrôlé par les super puissances, les détenteurs du feu où certains s'arroge les prérogatives d'être des gendarmes du monde, l'on peut se poser la question, avec honte et larmes aux yeux, la place de l'Afrique dans le concert des Nations, ce continent devenu aujourd'hui un lieu des théâtres et des spectacles sans relâche sacrifiant ainsi les vies humaines dont leur nombre dépasse l'imaginable. C'est dans ce sens qu'Augustin Ramazani abonde d'une manière heureuse en montrant que *« les contextes actuels de la mondialisation néolibérale, des puissances compradores multinationales s'appuient sur le capitalisme libéral sans âme ni loi en vue de perpétrer le pillage de l'Afrique postcoloniale comme au temps de la colonisation »*[19]. L'africain, l'homme blessé en son fond intérieur par une gestion calamiteuse et médiocre du bien commun, doit malgré tout, retrouver toute sa dignité, revaloriser sa culture et travailler sans se lasser pour arracher son autonomie et sa liberté afin d'être lui-même le décideur et le concepteur de son propre modèle de développement.

I.2 Du travail Humain

Que veut dire le substantif « travail » ? Pourquoi l'homme travail-t-il ?

Ces deux petites questions nous permettrons de revisiter le concept *« travail »* malgré ses multiples usages et sa mutation des sens au long des âges.

Pour H. Wallon, travailler, c'est contribuer par des services particuliers à l'existence de tous, afin d'assurer la sienne propre. Il souligne dans ce passage la dimension communautaire du travail. L'homme et surtout l'homme africain, ne travaille pas pour lui seul. L'aspect egocentrique et individualiste est exclu dans la logique de *l'african personality* (la solidarité africaine différente du communisme bien entendu). L'idée qui sous-tend cette thèse découle de la finalité même du travail humain.

Le travail est une valeur incontournable dans la vie de l'homme car il lui accorde l'autonomie et l'indépendance financière. Il est un élément moteur de tout développement humain et l'Afrique, si elle veut se développer ; elle ne saurait pas s'en dérober. Car pour l'homme africain, le travail a pour finalité l'honneur et la valeur sociale (estime). Ainsi,

---

[19] A. RAMAZANI BISHWENDE, *Le kivu Balkanisé. Miroir d'une mondialisation mafieuse*, Paris, Ed. Harmattan, 2017, p. 19.

reconnaitre l'autre comme un bon travailleur, c'est reconnaitre sa dignité et son humanité. Et donc ses mérites. C'est le travail qui rend l'homme utile pour sa société, sa famille et son pays. Par ailleurs, la tradition africaine classe trois sortes des travaux : le travail de la terre procurant les biens de subsistance, le travail de commerce et l'élevage. A côté de ces formes répertoriées des travaux, existent des métiers propres aux groupes ethniques comme celui de forgeron, de la poterie, de la pèche,...

Eu égard à ce qui précède, retenons que le travail est considéré comme un des aspects ou un des traits spécifiques de l'existence humaine. L'homme vit par son travail. Et comme pour le dire mieux pour emprunter cette fameuse phrase de la Bible : *« l'homme mange par la sueur de son front »*. Le travail est toujours considéré comme un moyen conduisant l'homme au développement intégral de son existence. Par celui-ci, l'homme s'épanouie et se récréer ; il se développe et développe son monde.

I.3. Du concept « Développement »

Le concept « développement » est une évolution vers un stade plus avancé, une évolution vers la perfection. Il est d'après G. Défour *« une manière de travailler avec les gens de telle sorte qu'ils soient stimulés à améliorer leur environnement physique et moral par un processus particulier où ils discutent, organisent et agissent librement eux-mêmes »*[20]. Selon M. Penouil[21], le développement est ce qui rend l'homme plus homme et qui lui permet de surmonter le déterminisme de la maladie et de la mort précoce. Ainsi définit, le développement ne peut être appréhendé par la seule science économique ou technique. Il est beaucoup plus humain que matériel. Certes, *« le développement est l'un processus complexe qui a trait tant aux aspects économiques qu'aux aspects sociologiques, psychologiques et politiques de la vie en société. Le développement suppose l'apparition d'un monde nouveau et non le grossissement quantitatif de ce qui existe déjà »*[22].

Ceci étant dit, parler du développement en Afrique, en ces temps des crises, suppose de prime abord la détection des vrais problèmes qui bloquent le progrès de l'Afrique afin d'y apporter des pistes des solutions. *« L'histoire de l'humanité nous rapporte, en effet, que l'exercice des générations a toujours invariablement consisté à chercher des solutions durables aux problèmes récurrents et à reformuler les trouvailles en fonction des nouveaux*

[20] G. DEFOUR, *Le Développement rural en Afrique centrale. Théories e essai d'analyse critique*, Bukavu, Ed. Bandari, 1994, p. 19.

[21] https://aymard.wordpress.com/2010/11/23/la-problematique-du-developpement-que-developpement-pour-l'Afrique. Consulté le 13 Octobre 2018 à 18h25'.

[22] J.-M. ALBERTINI, *Mécanismes du sous-développement et développement*, Paris, Ed. Ouvrières, 1981, p. 254.

défis qui émergent »[23]. Ce qui revient à dire que, le développement doit répondre aux besoins d'une société précise. En d'autres termes, le vrai développement est celui qui prend en compte les vrais besoins de l'homme et ses problèmes sociaux. Il doit permettre à l'homme de se définir dignement comme être humain et de se promouvoir dans son humanité car, le développement ne signifie pas avoir plus mais être plus et mieux. Cet être plus se greffe sur la culture de chaque peuple.

II. LE FONDEMENT DU DEVELOPPEMENT DE L'AFRIQUE

Comme on peut le remarquer, l'histoire de l'Afrique a longtemps était écrite en dehors de l'Afrique et parfois par des non-africains avec tous les risques de falsification historique que cela regorge. La restitution de la vérité historique doit être envisagé pour dissiper tout préjuger et stéréotypes entretenus durant des siècles par certains indécis. La tâche de l'intellectuel africain s'annonce donc, à l'aube de ce siècle, de grande taille. Toutes les tentatives des intellectuels et savants africains s'inscrivent donc dans cette perspective : les professeurs et historiens J. Ki-Zerbo, Elikya Mbokolo,…

De ce qui précède, disons que l'Afrique est un continent riche : riche de sa culture et de ses ressources naturelles. Raison pour laquelle, il s'avère urgent d'appeler l'homme africain à une prise de conscience en ces temps où la marche du monde s'annonce beaucoup plus dissuasive qu'unissant. Ceci étant dit, le premier développement que requiert l'homme africain est celui d'améliorer son être. Cette amélioration des conditions de vie ne passe pas, en tout cas, par une simple accumulation des biens comme le prétendrait la culture consumériste véhiculée par les multiples idéologies occidentales médiatisées par les immenses technologies de communication et de l'information. L'amélioration de son être passe aussi, disions-nous, par une prise de conscience de son authentique identité.

Le sous-développement de l'Afrique ne se situe pas en tout cas, dans les structures matérielles et la quantité des biens accumulée comme le montre les paramètres occidentaux, mais bien au contraire la crise africaine est la crise de l'être, de l'homme. Beaucoup d'africains, sont désaxés et emportés par les gadgets de la mondialisation les plongeant dans un monde virtuel et sans consistance. C'est donc par une prise de conscience de son être africain, de son authentique identité d'être africain que cet homme complexé pourra être persuadé de son incontournable responsabilité pour le développement de l'Afrique, ce continent qui a vu naitre le premier homme. De ce fait, A. Kabou pense *« qu'il faudrait*

[23] A. KABOU, *Et si l'Afrique refusait le développement ?*, Paris, Harmattan, 1991, p. 25.

d'abord désintoxiquer les mentalités de l'homme africain, remettre les pendules à l'heure, et surtout placer les individus face à leurs incontournables responsabilités »[24]. Car, tout laisse voir que les africains sont persuadés que tout doit venir de l'extérieur : les financements des élections, les constructions des routes et d'autres infrastructures d'intérêt général, les aides au développement, ...Dès lors, les aider à se développer, c'est d'abord *« les encouragés à créer les conditions psychologiques de réceptivité au changement ; c'est favoriser l'émergence d'un vaste débat résolument décomplexé sur leur volonté de développement »*[25].

Ceci étant dit, la culture est une force incontournable vers l'accomplissement de l'être. Elle englobe toutes les dimensions de l'existence humaine. Car, toute communauté humaine est forcément régie par des règles et des principes fondés sur la culture. Il est vrai que l'Afrique a besoin de se moderniser mais par un rejet systématique des éléments non édifiants de sa culture et sauvegarder les valeurs inhérentes. C'est à cette condition que la culture constitue un outil crucial pour le développement des peuples africains. Mais, ceci dépendra, de la conscience du peuple, de sa volonté et de son engagement à la valorisation de sa propre culture. Elle est un outil de développement comme l'affirme Brauwere. Il considère que la *« culture est un outil de gestion de la nature humaine. Le développement un processus d'adaptation volontaire de sa propre culture vers un état de meilleur résolution des problèmes et de satisfaction des besoins »*[26]. Avec cette réflexion, nous comprenons comment la culture, bin revue, bien réajustée et bien comprise peut favoriser l'essor de notre continent sur tous les plans. Ainsi, elle saura satisfaire aux besoins et aux attentes du peuple pour une vie et un avenir meilleur de chaque individu.

Cependant, le développement culturel que nous envisageons pour l'Afrique est un développement de l'homme concret et se veut intégral. Raison pour laquelle N. Moelle précise que la culture va au-delà de la culture traditionnelle. Il vise la culture scientifique et montre que *« la culture dont nous parlons n'a rien de particulariste ; elle est plutôt l'expression de l'aspect scientifique de toute culture particulière. Et en tant que telle, elle est d'abord culture des individus pris isolement et non culture d'une société globale »*[27]. L'auteur fait une trouée dans l'histoire. Il nous propose une éducation, un développement non seulement spirituel, scientifique et pratique. Il constate que e mot développement, dans ses acceptions actuelles revêt une connotation économique. Mais pour lui, il est plus

[24] A. KABOU, *Op. Cit.*, p. 27.
[25] *Idem*
[26] Q. N. DE BRAUWER, *« Développement : un outil et une fin en soi »,* in Au cœur de l'Afrique, Tome LXI, N°1, Janvier-Mars 1993, p.5.
[27] E. NJOH MOELLE, *De la médiocrité à l'excellence,* Yaoundé, Ed. Clé, 1998, p. 150.

« économique » en ce qu'il propose la promotion de l'art africain. *« Il faut, estime-t-il ; que la bataille du développement puisse garantir sa pérennité de ce type d'homme en Afrique : l'artiste et le créateur. Il s'agit bel et bien de garantir sa pérennité car l'africain, tout le monde le dit, est l'être qui a constamment associé l'art à ses activités diverses de production »*[28].

S'il est vrai que la culture est un outil incontournable pour le développement de l'Afrique, l'on se demande encore une fois, comment cette conceptualisation passera du théorique à la pratique. Il serait alors important pour juguler, tout doute sur l'apport de la culture dans la reconstruction de l'Afrique, de valoriser les éléments importants se trouvant dans nos cultures en référence à nos traditions respectives. J. Moelle pense qu'il faut non seulement un développement spirituel mais aussi pratique et artisanal. C'est ce qui lui fait dire que *« la véritable intériorité appelle à l'extériorité pour s'y manifester, pour être réellement et non imaginairement. C'est une telle intériorité que l'éducation devra favoriser. Pour ce faire, elle empruntera le canal de l'art. Car l'art est la discipline qui restitue à l'homme en même temps que l'initiative créatrice un sens absolument nécessaire de l'harmonie »*[29].

En parlant de la culture africaine, nous ne pouvons pas ne pas évoquer une des valeurs aussi importante qui est la solidarité. Cette solidarité est de mise en communauté et dans différentes relations interhumaines. La communauté est un aspect qui valorise la sociabilité de l'africain. L'homme africain vit essentiellement en communauté et pour elle. Les membres de la société africaine doivent faire preuve de l'esprit d'ouverture et d'hospitalité, accorder une priorité au social et à la vie communautaire. C'est par l'intégration de cette valeur culturelle dans la vie quotidienne que l'africain bannira l'individualisme et l'égoïsme en tant que malaises fondamentaux de la période postmoderne.

III. QUEL DEVELOPPEMENT FAUT-IL POUR L'AFRIQUE A L'AUNE DE LA MONDILISATION ?

D'entrée de jeu, deux questions se posent : N'y aurait-il pas une manière africaine de se développer ? Que faut-il pour que l'Afrique se développe-t-elle ?

Ces interrogations nous font comprendre d'emblée que l'Afrique n'a pas besoin de copier aveuglement les modèles de développement à partir de l'extérieur. Il faut avant tout penser à un modèle de développement intégral ; c'est-à-dire, un développement qui vise non seulement

[28] *Idem.*
[29] *Idem.*

l'amélioration structurelles, mais également l'amélioration de l'être africain. De ce fait, il faut un développement qui vise l'homme. Ce qui signifie avant tout un développement qui prend en compte la valeur et la dignité de la personne humaine et qui préserve les valeurs culturelles africaines.

En effet, c'est une erreur grave de penser que ce sont les autres qui doivent concevoir le modèle de développement de l'Afrique à la place des africains. A ce sujet, A. Kabou montre que *« tout peuple est, en première et en deuxième analyse, responsable de l'intégralité de son histoire. La survie de l'Afrique dépendra de son aptitude à s'organiser rationnellement et à regrouper ses forces »*[30]. De ceci, il en découle l'idée selon laquelle, le développement est avant tout endogène. D'où, *« chaque pays doit, pour passer du sous-développement au développement, élaborer son propre modèle, qui tient compte de ses contraintes et de ses atouts propres, mais aussi du contexte international »*[31]. C'est ce qui nous pousse à dire que, la réalisation d'un Afrique convertie n'est pas l'avantage de pays du Nord. Par contre, le développement de l'Afrique doit être la préoccupation de tout africain. Un tel engagement invite les africains au changement des mentalités, à ma prise de conscience et à la responsabilité afin de prendre leur destin en main. Par ailleurs, F. Perroux considère de sa part que le développement est un ensemble de transformation structurelles (éducatives, sanitaires et industrielle) et super structurelle (production des idées, des valeurs et créativité) qui rendent possible et accompagne la croissance économique et l'amélioration matérielle que celui de la transformation qualitative de l'être. D'où, le développement quantitatif et qualitatif.

a. Le développement quantitatif

Il est celui qui permettra à l'Afrique de se libérer de l'emprise de la précarité matérielle et de ses incertitudes existentielles. Le développement quantitatif permettra à chaque africain de satisfaire ses besoins vitaux en répondant aux besoins de première nécessité (l'eau, l'électricité, le transport, la communication, les soins médicaux, ...). C'est également la croissance économique issue du développement matériel qui permettra aux africains d'accéder à l'emploi et à l'éducation. Ainsi, M. Towa invite les africains à se lancer dans la conquête du secret de la puissance Occidentale qui se trouve entre la science et la technique. Car, *« en réalité, aucun développement d'envergure ne sera possible en Afrique*

---

[30] A. KABOU, *Op. Cit.*, p. 48.

[31] http://aymard, wordpress.com/2010/1à/15/ quel-developpement_pour-l'afrique. Consulté le 20 janvier 2018 à 15h27'.

avant qu'elle n'édifie une puissance matérielle capable de garantir sa souveraineté et son pouvoir de décision »[32].

b. Le développement qualitatif

Si le développement matériel libère l'Afrique de tous les problèmes matériels, il est cependant inefficace pour les problèmes d'ordre spirituel et mental. En effet, la richesse matérielle ne soigne ni la superstition ni le fétichisme et encore moins l'ignorance. Pour se guérir de ces maux, l'Afrique doit faire recours aux solutions spirituelles en cultivant son esprit à travers : la rationalité, la créativité, la moralité, l'humanisme et la spiritualité. C'est en promouvant ces valeurs que les africains pourront véritablement se libérer des obstacles qui les accablent. C'est ce type de développement que prône N. Moelle quand il dit que *« le développement est un processus complet, total qui déborde l'économique pour recouvrir l'éducationnel et le culturel »*[33]. L'idée sous-jacente en est que, ce qui importe dans tout développement, c'est la réalisation de soi et l'auto accomplissement de l'homme. Le développement que les africains doivent envisager aujourd'hui doit être en accord avec le patrimoine culturel.

CONCLUSION

Comme nous pouvons le remarquer, le développement est une question et le sous-développement en est une autre. La réalité de l'Afrique suscite des vifs débats et elle mérite d'attirer l'attention de plus d'une personne. La succession des qualificatifs attribués à l'Afrique, et parfois à tort, nécessite une certaine prise de conscience pour que cela demeure des véritables démentis (pays pauvres très endettés, pays du Sud, pays pauvres,...). Ces appellations combien révoltant nous pousse à la réflexion, à l'élargissement des pensées pour ouvrir les brèches de l'éclosion de l'Afrique. Car, la réalité du développement est d'actualité et personne, de sérieux, ne peut plus s'en dépasser.

Etant donné que la réalité du développement est un sujet d'actualité, on constate aujourd'hui plus qu'hier, que l'Afrique a toujours été présente au rendez-vous du développement. Mais, elle devra faire tout son mieux de ne pas importer le modèle de développement pour être elle-même et gardée son authenticité. Dans cette même perspective, l'Afrique, devra détecter ses vrais problèmes et ses besoins les plus urgents pour tenter d'y apporter des solutions idoines. Pour ce faire, le développement de l'Afrique, suppose une

---

[32] M. TOWA, *Essai sur la problématique philosophique dans l'Afrique actuelle*, Yaoundé, Ed. Clé, p. 51.
[33] E. N. MOELLE, *Op. Cit.*, p. 156.

claire définition du type de développement qu'il lui faut et le type d'homme qu'il lui faut. Pour le type de développement, il faut retenir que l'Afrique a besoin, juste d'un développement permettant l'amélioration de l'être africain. C'est-à-dire, un développement qui vise le changement de mentalité, la transformation des consciences par la réforme de l'éducation afin de sauver l'homme africain de l'ignorance, de la pauvreté anthropologique et de la médiocrité. Dans ce type de développement, les biens matériels ne sont qu'au service de l'homme et non une fin en soi.

Bibliographie

a. Ouvrages

✓ ALBERTINI, M. ; *Mécanismes du sous-développement et développement,* Paris, Ed. Ouvrières, 1981.

✓ DEFOUR, G. ; *Le Développement rural en Afrique centrale. Théories e essai d'analyse critique*, Bukavu, Ed. Bandari, 1994.

✓ DE HAES, R. ; « culture Africaine, Démocratie et Développement Durable », In *Actes des VIIIè journées philosophiques de la Faculté Saint Pierre Canisius/Kimwenza,* éditions Loyola, Publications Canisius, 2005.

✓ DE BRAUWER, Q. N. ; *« Développement : un outil et une fin en soi »,* in Au cœur de l'Afrique, Tome LXI, N°1, Janvier-Mars 1993.

✓ KI-ZERBO, J. ; *l'Histoire de l'Afrique d'Hier à Demain,* Paris, Hatier, 1978.

✓ KABOU, A. ; *Et si l'Afrique refusait le développement ?*, Paris, Harmattan, 1991.

✓ M. TOWA, *Essai sur la problématique philosophique dans l'Afrique actuelle,* Yaoundé, Ed. Clé.

✓ NJOH MOELLE, E. ; *De la médiocrité à l'excellence,* Yaoundé, Ed. Clé, 1998. RAMAZANI BISHWENDE, A. ; *Le kivu Balkanisé. Miroir d'une mondialisation mafieuse*, Paris, Ed. Harmattan, 2017.

b. Webographie

✓ http://aymard, wordpress.com/2010/1à/15/ quel-developpement_pour-l'afrique. Consulté le 20 janvier 2018 à 15h27'.

✓ https://aymard.wordpress.com/2010/11/23/la-problematique-du-developpement-que-developpement-pour-l'Afrique.

NTONDO CIGOSHOLE Clovis
Licencié en Philosophie de
L'Université Officielle de Bukavu

====================

DE LA NAISSANCE ET DE L'ORGANISATION DE LA CITE DE KASONGO

Résumé

Depuis les temps les plus illustres, l'homme en tant qu'animal politique s'est toujours posé des questions tumultueuses en rapport avec l'organisation de la société. Les penseurs les plus aguerris s'engagèrent pour cette cause en réfléchissant les uns sur les conditions de possibilité d'un Etat de droit, sur la justice, la démocratie et d'autres sur les politiques expansionnistes et les découvertes à partir desquelles certains crurent en la découvertes d'autres races prétendument inférieures.

A partir de la découverte de l'embouchure du fleuve Congo en 1482 par Diego CAO, les contacts entre l'Occident et le royaume Congo se nouèrent jusqu'à conduire à l'organisation des cités indigènes. Ces longues décennies de turpitudes : la déportation, l'esclavagisme, la colonisation,...ont suscité le sentiment paradoxalement d'indignation et de révolte dans les esprits de certains résistants coloniaux. Cet article s'inscrit, en effet, dans un contexte historique. Il veut proposer aux lecteurs des éléments explicatifs de l'évolution de la cité de Kasongo partant de l'histoire générale du Congo en insistant beaucoup plus sur les influences arabo-islamiques et leurs corolaires historiques.

I. INTRODUCTION

Parmi les aspects qui ont caractérisé les sociétés africaines au cours de la seconde moitié du 19e siècle, il faudra citer les influences Arabes et Européennes. Les influences européennes, notamment, ont abouti pour le cas de notre pays la République Démocratique du Congo, à la création de l'Etat Indépendant du Congo en 1885 (E.I.C) et à la constitution de la colonie Belge (1908). Celle-ci a entrainé la subdivision de la colonie en entités administratives de base, telles que les provinces, les districts, les Territoires, le centre Extra-coutumier, les chefferies, les groupements, les secteurs, etc.

La cité de Kasongo, en tant qu'entité territoriale décentralisée, constitue pour nous un sujet d'étude vue la particularité de son histoire par rapport à l'histoire générale du Congo. Laquelle histoire est surtout marquée par la pénétration des négriers arabes et tous les accotés beaucoup dégradant liés aux trafics d'êtres humains.

Beaucoup d'études, en effet, ont déjà été menées dans différents aspects de la cité de Kasongo mais *«la naissance et l'organisation de la cité de Kasongo »*, est restée en marge d'une étude scientifique bien élaborée. C'est ainsi que, nous avons choisi de mener notre recherche sur cette circonscription indigène pour combler ce vide. L'année 1956 justifie la création du centre Extra-coutumier de Kasongo et l'année 1982 mise en pratique de la loi sur la décentralisation dans notre pays. Cette loi n° 082-006 du 25 Février 1982, le souci de la décentralisation est visible parce que cette préoccupation y était clairement libellée. On peut lire ce qui suit en ce qui concerne la décentralisation dans la constitution de la République Démocratique du Congo 2006 promulguée le 18 février 2006.

Eu égard à ce qui précède, trois questions se posent:

- Qu'est ce qui a été à la base de la création de la cité de Kasongo ?
- Comment cette circonscription a-t-elle été organisée ?
- Quelles furent les étapes de son histoire ?

II. HYPOTHESES

Face aux questions posées, nous émettons les hypothèses suivantes :

- L'idée de créer une cité à Kasongo serait venue du commissaire de district du Maniema à l'époque coloniale Belge pour jeter les bases d'une administration moderne différente des administrations indigènes coutumières ;
- La circonscription devenue par la suite cité, serait dirigée par trois autorités, un représentant de l'autorité tutélaire, un chef de centre extra-coutumier suivi de son adjoint ;
- Les étapes de son histoire auraient commencé à l'époque coloniale après l'échec des arabo-swahilis par l'implantation de missionnaires d'Afrique, les chefferies arabisées et les circonscriptions indigènes.

Pour mener cette étude, nous nous sommes servis de la méthode historique qui est une voie à suivre pour étudier les étapes de l'évolution d'un fait ou d'un événement. Elle nous a permis de suivre l'évolution de celle-ci. Elle exige que les données recueillies soient confrontées et rigoureusement vérifiées en vue d'attester leur conformité à la réalité par précaution avant de les fondre dans une synthèse dite historique.

II.1. Clarification conceptuelle

- ***Histoire :***

Le mot « Histoire » évoque, selon l'historien Pierre Salmon la reconstruction intelligible et critique du passé vécu par les hommes en société[34].

- ***Circonscription*** :
  - Ce qui limite l'étendue d'un corps ;
  - Division administrative, militaire ou religieuse d'un territoire[35].

[34] N'SANDA BULELI, *Cours de critique histoire*, inédit, G2 HSS&GP, ISP-KSGO, 2014, p36.

- ***Indigène*** :
    - Originaire d'un pays[36].
- ***Cité :***

  Par cité il faut entendre selon le dictionnaire encyclopédique : un petit Etat composé d'une ville et de sa campagne[37]. La partie la plus ancienne de certaines villes. Une entité politico – administrative territoriale au même titre que les secteurs et les chefferies.

Ceci dit, il est nécessaire de préciser que hormis l'introduction et la conclusion générale, cette dissertation est composée de deux grandes parties. La première partie s'attèle sur les généralités de la cité de Kasongo et la seconde articule l'histoire de cette circonscription jadis qualifiée d'indigènes.

III. GENERALITES

III.1. ORIGINE DU NOM KASONGO

Selon les informateurs interrogés le mot « Kasongo » désigne le nom propre de l'enfant de Luhusu, chef de la tribu de Benye Mamba, clan Mwana Kalenga. A la mort de son père Luhusu, suivant la coutume, il prit le nom de ce dernier et s'appela Kasongo Luhusu. Courageux dans le commandement, fort en guerre et très intelligent. Il a mis fin aux guerres inter claniques et intertribales dans son territoire. Il réussit par son engagement à instaurer la paix communautaire à Mambula, actuel Maïti, Groupement Mwana Kalenga, secteur de Mamba/Kasenga. Kasongo Luhusu y resta longtemps jusqu'à l'arrivée des Arabo-swahilis.

Selon la tradition orale, le Territoire où se trouve la cité de Kasongo s'appelait autrefois Mamba, du nom de la tribu qui l'habitait. Avant 1860, année de l'arrivée des Arabo-swahilis, Kasongo Luhusu chef de Benye Mamba du clan Mwana Kalenga habitait à Mambula, actuel Maïti. Ce village compte déjà selon Luigi Lazzarato, « 5000 hommes sans compter les femmes et les enfants » (Lazzarato, L ; 2001, p3)[(4)]. Notons en effet que, les Arabo-Swahilis furent accueillis et installés au bord de la rivière Kanyosolo par le chef Mamba. C'est dans cette rivière que l'on jetait les cadavres de tous ceux qui mourraient pendant la captivité. D'où le nom de Kabondo, c'est-à-dire sans merci.

---

[35] Cfr, *Petit Larousse*, 1973, p 213.

[36] *Idem.*

[37] L. GRATELOUP, *cours de philosophie*, Hachette, Paris, 1990.

III.2. ASPECTS GEOGRAPHIQUES

a. LOCALISATION

La cité de Kasongo est une subdivision administrative du Territoire de Kasongo dont elle constitue le chef-lieu. Elle est dans la Province du Maniema en République Démocratique du Congo. D'une superficie de 4 Km² au sud de la Province du Maniema. La cité de Kasongo est limitée successivement :

- Au Nord par le Groupement Salala ;
- Au Sud par le Groupement Mambula en secteur de Mamba/Kasenga et une petite bande de terre (Kadiamisaho) appartenant au groupement Kimasa relevant de la chefferie des Wazula ;
- A l'Est par le groupement Mutambo et
- A l'Ouest par le groupement Mufala tous appartenant au secteur de Mamba/Kasenga (Rapport annuel, 2015, p1) [(5).]

b. ASPECTS PHYSIQUES

- ***Relief*** **:**

La cité de Kasongo est dans son ensemble construite sur le versant d'un bas plateau dont la ligne de faite est la cathédrale Charles Borromée et la ligne de Talouweg (ligne de partage des eaux) est constituée par Kindumbu dans le bloc Sainte Famille quartier Km 18.

- ***Hydrographie*** :

La cité de Kasongo est un milieu constitué des ruisseaux d'une flaque d'eau dénommée Kindumbu dans le quartier Km 18 bloc Sainte Famille, Kabuyoyoyo, Kabondo, Kamukulumoya, Mamayaya, Pongo, Kambulwa et Mateleka qui l'alimentent en eau.

- ***Climat, Flore et Faune***

De par sa situation géographique par rapport à l'équateur, la cité de Kasongo s'étend dans la zone climatique tropicale humide caractérisée par une saison de pluie plus longue que la saison sèche, soit plus ou moins 8 mois de saison pluvieuse s'étendant du mois de septembre au mois d'Avril contre plus ou moins 4 mois de saison sèche (du mois de Mai au mois d'Août). La Cité de Kasongo est parsemée de quelques galeries forestières le long de certains cours d'eau comme Pongo et Kabondo mais couverte presqu'entièrement d'une savane herbeuse où vivent quelques animaux tels que : les antilopes, les sangliers, les rats, les écureuils, les singes et divers reptiles en l'occurrence les tortues, les caméléons, les serpents, les lézards, les geckos, quelques batraciens (grenouilles et crapauds) et divers insectes sans plus citer les insectes et les oiseaux.

- ***Sol et sous – sol***

Le sol de la Cité de Kasongo est dans la famille ferralitique, du type sablo-argileux. (Rapport annuel, 2010, p 2) [6], son sous-sol par contre n'a pas encore révélé son secret, dans ce sens que aucune prospection n'a été organisée.

c. ASPECT ECONOMIQUE

La Cité de Kasongo est la plus grande agglomération du Territoire de Kasongo, habitée par une population d'origines tribales différentes qui se livrent à diverses activités économiques dont les plus importantes sont l'agriculture, le commerce, la pêche et l'artisanat.

d. ASPECT DEMOGRAPHIQUE

La population de la Cité de Kasongo est pluriethnique. Les principales tribus qui l'habitent sont les Benye Mamba, les Wazula, les Bakwange, les Benye Nonda, les Benye Kasenga, les Bansonge I et II, les Binja, les Wagenia-Balungu, les Wazalia, les Bakusu aux quelles se sont ajoutés les Bangubangu en provenance du Territoire de Kabambare, de Basonge du Territoire de Kongolo dans l'actuelle Province du Tanganyika et ceux de Lubao et Kabinda dans l'actuelle Province de Lomami, les Bakusu de Kibombo et même de Kongolo, les Warega en provenance des Territoire de Shabunda et Mwenga au Sud – Kivu, les Batetela en provenance de l'actuelle Province du Sankuru, les Bahemba en provenance de Kongolo, les Bashi en provenance du Sud – Kivu. (Omasombo Tshonda, J (éds), 2011, p105 – 107). [7]

La langue principale est le swahili.

III.2. HISTOIRE DE LA CITE DE KASONGO

a. De la naissance de la cité de Kasongo

L'actuelle Cité de Kasongo, chef – lieu du Territoire du même nom remonte à l'époque coloniale après l'éviction des Arabo-swahilis.

La colonisation de Kasongo a été précédée par la campagne antiesclavagiste menée par l'armée léopoldienne sous la direction du commandant Dhanis. Kasongo fut occupé le 22 avril 1893. (Cornet, RJ, 1952, p183) [8]. Un poste d'Etat y fut immédiatement implanté par Dhanis lui-même, mais pour des raisons stratégiques, il le transféra en mai 1894 au bord du fleuve sur la rive droite du lualaba, à 15 Km à l'Ouest de Kabondo dans un village appelé Mikete ou Lamba du nom du cours d'eau qui le baigne. C'est ce village qui sera désormais appelé Kasongo – Poste ou Kasongo – Etat. (Lazzarato, L ; 2001, p31)[9].

L'ancienne Cité de Kasongo, abandonnée par les Arabo-Swahilis, est devenue en ruine. D'où son appellation de Tongoni ou Matongo qui signifie Cité abandonée. Toutefois, les habitants de Kasongo en débandade furent encouragés à retourner chez eux. C'est dans ce contexte que les villages Arabisés furent organisés autour de Muyenga, Makonga, Farahani et Kapaya.

b. Implantation des missionnaires d'Afrique (ou Pères Blancs)

Le vendredi 13 mars 1903, trois missionnaires catholiques de la congrégation des Pères Blancs arrivent à Lamba devenu Kasongo – Etat. Il s'agissait du Père De vulder, supérieur, secondé par le Père Michaux et le Frère Hubert. (Kaboy, Mgr, T ; 2005, p 31)[(10)]. Ces missionnaires se faisaient accompagner de leurs serviteurs, ouvriers cuisiniers, catéchistes et domestiques emmenés de Baudouin ville, Mpala, Mtoa, Ubaari, Kabambare et Mambula suivant l'itinéraire qu'ils avaient emprunté pour atteindre Kasongo – Etat, actuel Kasongo-rive. Ils y restèrent environ trois semaines, mais l'Administration coloniale ne leur permit pas de s'y installer. Elle leur recommanda plutôt de s'installer près de l'ancienne cité de Tippo-Tip à Kabondo en vue de bien contrôler les Arabisés. Ils furent accueillis par le chef Mwana Kalenga Kasadi, Petit fils de Kasongo Luhusu. C'est là qu'ils créèrent la mission Saint Charles Borromée. Leurs serviteurs furent installés sur le plateau Kaulo, devenu par la suite Kauta, du nom de son premier chef, un retraité de la force publique, originaire de Kibwana, village proche de Karomo dans le secteur des Maringa. (Kaboy, Mgr, T ; 2005, p 31)[(11)].

c. Les Chefferies Arabisées

Après la campagne antiesclavagiste, les Arabo – Swahilis vaincus rentrèrent chez eux mais certains capitas Arabisés survécurent, notamment :

- ✓ Kapaya (Km 16) au commencement de Kabondo vers la mission catholique ;
- ✓ Muyenga (Km 17) le long de la route vers Wamaza ;
- ✓ Farahani (Km 18) et
- ✓ Kisengele chez Makonga (Km 19), tous le long du Boulevard Ponthier vers Wamaza.

Ils étaient chefs ou capitas de tout un amalgame de prisonniers et esclaves d'arabo-swahili, des descendants des immigrés, des tonge (wanyampara) et des Wanyamwezi, on le dénomma les Wazalia, c'est-à-dire, des gens qui venaient « d'ailleurs » des déracinés, des étrangers. (Lumumba Twaha, 2013 ; p26)[(12)].

En 1920 tous ces villages furent regroupés par l'administration coloniale Belge en une chefferie dite « chefferie des arabisés » placée sous l'autorité de Muyenga Lukufu, un Muhombo, originaire du Territoire de Kabambare. Elle fut créée pour des raisons stratégiques en vue de bien contrôler les musulmans fugitifs. Il jouissait d'un statut spécial, avait sa mosquée et son tribunal. (Lazzarato, L ; 2001, p40)[(13)]. C'est à partir de cette année que l'on commença l'instauration des cités indigènes.

d. Les circonscriptions indigènes

Les Cités indigènes, créées par l'ordonnance du 30 Juillet 1925 étaient des agglomérations extra-coutumières, non encore érigées en centres extra-coutumiers. Elles ne jouissent pas de la personnalité juridique. Elles ont été créées dans chaque chef – lieu du Territoire du Maniema. Le premier centre extra-coutumier créé au Maniema fut celui de Kindu. Par l'ordonnance n° 79/AC du 24/12/1932, le Gouverneur Général de la Province Orientale créa le centre extra-coutumier de Kindu. (Omasombo Tshonda J ; 2011, p90) [(15)]. En ce qui concerne le centre extra-coutumier de Kasongo qui fait l'objet de notre étude, il est le second créé en 1956. Il fut institué par l'arrêté n° 211/120 du 13 Février 1956 du Commissaire de District du Maniema. Van Melle fut désigné responsable de l'autorité tutélaire le 10 Mai 1956. (Lumumba Twaha, 2013, p27)[(16)].

Notons certes que le décret du 10 Mai 1957 portant sur les circonscriptions indigènes réglementait aussi bien le centre extra-coutumier du Kasongo, les chefferies et les secteurs. Parmi les importantes dispositions de ce décret, on peut lire ce qui suit :

- ***Le Chef*** : il devient de plus en plus fonctionnaire et est une autorité coutumière choisie selon les dispositions du décret du 05 Décembre 1933 tant dans une chefferie que dans un secteur (article 19) ;
- ***Le conseil de circonscription*** : il a remplacé le conseil des notables. Il était constitué des membres de droit et des membres nommés. L'article 36 définit ces membres comme suit : étaient membre de droit, le chef et le chef de sous – divisions coutumières de la chefferie ou du secteur, étaient nommés de ce conseil, les habitants en raison de leur compétence dans la chefferie ou dans le secteur. (Congobelge, *Bulletin officiel*, Bruxelles, 1957, p1271)[(17)].

Pour ce qui est de notre étude, Kasongo est l'une des agglomérations qui poussèrent à côté des factoreries ou des postes de l'Etat, parce qu'elles regroupaient ceux qu'on qualifiait de détribalisés (travailleurs d'origine différente ne subissant plus la main-mise du chef traditionnel), furent déclarées groupements extra-coutumiers. (Ndaywel è Nziem, I ; 2009, p357)[(18)]. Ces centres extra-coutumiers avaient pour objectif :

- Héberger tous les travailleurs de compagnies et services créés par l'administration coloniale en provenance des différents secteurs et chefferies : les camps des travailleurs, bâtis généralement sur le terrain appartenant à l'entreprise à laquelle ces travailleurs étaient rattachés, règlementés ; puis les villages des licenciés, habités par d'anciens soldats ou d'anciens travailleurs de l'Etat ou des sociétés commerciales.

- Jeter les bases d'une administration moderne différente des administrations indigènes coutumières dans l'ancien village où habitaient les arabo-swahilis.

Pour la Cité de Kasongo ce camp se trouve sur l'avenue Foyer Social dans le quartier Km 18.

e. Organisation de la Cité de Kasongo

- ***L'organisation et fonctionnement du centre***

Le centre extra-coutumier de Kasongo était dirigé par trois autorités à savoir un représentant de l'autorité tutélaire, un chef de centre et un chef de centre adjoint.

- ***Le représentant de l'autorité tutélaire (RAT)***

L'autorité tutélaire d'un centre extra-coutumier était l'administrateur de Territoire qui était absolument un belge représenté par un cadre territorial belge appelé représentant de l'autorité tutélaire. Celui-ci avait pour mission d'encadrer et contrôler la gestion du chef de centre. En ce qui concerne le centre extra-coutumier de Kasongo, le RAT nommé par le même arrêté portant création de cette entité était Jean Van Melle, alors le chef de poste administratif de Tongoni. (Omasombo Tshonda J, 2011, p707)[(19)].

- ***Le chef de centre extra-coutumier***

Celui-ci étant un « Indigène » évolué, nommé par le commissaire de district. C'est à lui que revenait la gestion quotidienne du centre Ramazani Songe, un Mukwange, alors chef d'atelier de menuiserie au service de travaux publics, fut nommé chef de centre par décision n° 84/AO/CEC du 11 Juillet 1956 du CDD, du Maniema. (Omasombo TshondA J, 2011, p707)[(19)].

- ***Le chef de centre adjoint***

Il était lui aussi, un « Indigène » évolué nommé dans les mêmes conditions que son titulaire. Il était appelé à assister son titulaire dans la gestion quotidienne du centre et dont il devait assumer l'intérim en cas d'empêchement. C'est Kinyongo Jérôme, un Mwenye Mamba, alors instituteur à l'école Primaire saint – Charles, qui était nommé à ce poste. Comme on peut le constater, ces nominations n'ont pas été un fait de hasard. Elles étaient fondées sur la compétence, le niveau d'étude et la confiance portée sur l'une ou l'autre personnalité par l'autorité coloniale.

Après ces petits détours sur l'aspect organisationnel de la cité Kasongo, il sied de souligner les grandes qui marquèrent son évolution tout au long de l'histoire de son existence.

- ***Etapes évolutives de la cité de Kasongo***

La cité de Kasongo en tant qu'entité territoriale administrative a connu des avancées significatives méritant d'être abordées avec une attention particulière. Deux principales étapes marquent son évolution sous deux dénominations différentes : Centre extra-coutumier puis cité. En premier lieu, nous avons le centre extra-coutumier de Kasongo qui va de 1956 à 1971. Kasongo est érigé en centre extra-coutumier en 1956 et évolue sous cette dénomination jusqu'en 1971, l'année au cours de laquelle, le Président Mobutu Sese Seko prit la décision politique de débaptiser les entités territoriales.

Ce fut, en effet, l'époque d'une gestion de cette entité sous le contrôle de l'autorité tutélaire coloniale belge représentée par Jean Van Melle, du chef de centre Ramazani Songe et son adjoint Kinyongo Jérôme. Le C.E.C de Kasongo était réputé d'une santé économico-financière florissante. Grâce à ses recettes propres, le C.E.C de Kasongo est parvenu à se construire des bureaux, l'hôtel Palace et à s'acheter deux camions, une jeep et à voir même un compte bancaire bien fourni à l'accession du **pays à** son indépendance. (Kabwende Charles le Bon, interrogé à Kasongo, le 04 Janvier 2018)[(20)].

La seconde période de développement de Kasongo se caractérise par le passage du C.E.C à la cité. Cette étape va de 1972 à 1982. L'évolution de la Cité de Kasongo au cours de cette deuxième période s'inscrit dans le cadre de la politique de l'authenticité institué par le président Mobutu Sese Seko. Sous ce régime la Cité perd sa personnalité juridique à partir de l'ordonnance loi n° 082-006 du 25 Février 1982 portant organisation territoriale, politique et administrative de la République du Zaïre, elle a cessé depuis lors d'être une entité décentralisée pour devenir une simple subdivision du territoire jusqu'à sa suppression pure et simple par la constitution du 18 Février 2006 confirmée par la loi organique n° 10/0011 du 18 Mai 2010 portant fixation des subdivisions territoriales à l'intérieur des provinces. Cette période est marquée d'une part par la chute totale de l'autorité de l'Etat et le délabrement avancé des infrastructures car n'étant pas renouvelées. Pour cette période, la gestion était devenue calamiteuse. Aucune réalisation importante n'a plus été remarquée faute d'une part de fonds et d'autre par la volonté politique.

CONCLUSION

La Cité de Kasongo d'abord C.E.C, est une œuvre coloniale conçue par le CDD du Maniema dota la population congolaise issues des milieux différents, d'une administration et d'une justice différente de celle régie par la coutume. Cette nouvelle entité a été mise en place en 1956 et gérée par les autochtones évolués sous la tutelle d'un agent territorial belge. A l'indépendance, le C.E.C devenu par la suite cité s'est transformé plus rapidement que les secteurs et chefferies grâce à la concentration en son sein de différents services et entreprises à la base d'autres progrès dans les domaines plus particulièrement l'habitat, l'administration, la santé et l'enseignement.

Toutefois, la Cité perd sa personnalité juridique à partir de l'ordonnance loi n° 082-006 du 25 Février 1982 portant organisation Territoriale, politique et administrative de la République du Zaïre, elle a cessé depuis lors d'être une entité décentralisée pour devenir une simple subdivision du Territoire jusqu'à sa suppression par la constitution de 2006.

BIBLIOGRAPHIE

- LUMUMBA TWAHA NDEBA, Ep ; *L'administration des populations autochtones et ses effets sur l'environnement régional du Maniema de 1830 à 1960,* Unikis, FL & SH, thèse, 2013.
- HERADI RAMARAZANI ; *Essai d'Histoire de la Cité de Kasongo de 1956 à 2010,* TFC, inédit, ISP/Kasongo, 2017.
- MUSHANDA MWAYUMA, A ; *Aperçu historique de la Cité de Kasongo de 1956 à 2003*, TFC, inédit, ISP/Kasongo, 2014.
- LAZZARATO (père) L ; *L'Islam à Kasongo, Kivu – presse*, Bukavu, 2001.
- *Rapport annuel du Bureau de la Cité de Kasongo,* 2015.
- *Rapport annuel du Bureau de la Cité de Kasongo,* 2015.
- OMASOMBO TSHONDA J (eds) ; *Maniema espace et vies, Tervuren, le cri-africa,* MRAC, 2011.
- CORNET, R.j ; *Maniema, le pays des mangeurs d'hommes, Bruxelles*, éd., L. Cuypers, 1952.
- KABOY (Mgr) T ; *Les étapes historiques du Diocèse de Kasongo, Kivu-presse,* Bukavu, 2005.
- NDAYWEL è Nziem, I ; *Nouvelle Histoire du Congo des origines à la RDC, le cri-Afrique,* Tervuren, 2009.
- LUMUMBA TWAHA Ep ; *L'administration des populations autochtones et ses effets sur l'environnement régional du Maniema de 1830 à 1960,* Unikis, FL & SH, thèse, 2013.
- LAZZARATO (père) L ; *L'Islam à Kasongo, Kivu – presse*, Bukavu, 2001.

- OMASOMBO TSHONDA J (eds) ; *Maniema espace et vies, Tervuren, le cri-africa,* MRAC, 2011.
- LUMUMBA TWAHA NDEBA Ep ; *L'administration des populations autochtones et ses effets sur l'environnement régional du Maniema de 1830 à 1960,* Unikis, FL & SH, thèse, 2013.
- CONGO BELGE, *Bulletin officiel*, Bruxelles, 1967.

- OMASOMBO TSHONDA J (eds) ; *Maniema espace et vies, Tervuren, le cri-africa,* MRAC, 2011.

Par :

KAYUMBA IDRISSA BIN RAMAZANI

Licencié en Histoire, Assistant à

l'ISP/Kasongo/RDC.

QUELQUES FAUTES STYLISTICO-SYNTAXIQUES COMMISES PAR LES ELEVES DU SECONDAIREDE LA CITE DE KASONGO

Résumé

Le présent article est essentiellement axé sur les fautes stylistiques et syntaxiques commises par les élèves du secondaire de la cité de Kasongo. C'est de l'emploi maladroit des prépositions et bien d'autres impuretés stylistico-syntaxiques. Voilà les failles expressives qui seront découvertes par nos lecteurs dans cette publication.

INTRODUCTION

L'expression française est l'une des marques de distinction entre les élèves et d'autres membres de la société. Malheureusement, à toute communication, ces apprenants y glissent maintes impuretés expressives. Ce chaos linguistique est aussi celui des élèves du secondaire de la cité de Kasongo. Ces derniers brillent surtout par des fautes stylistiques et syntaxiques dans leurs communications. Toutes ces imperfections ne pouvaient pas ne pas attirer notre attention. Voilà la vraie raison qui a conduit notre choix au sujet: « Quelques fautes stylistico- syntaxiques commises par les élèves du secondaire de la cité de Kasongo ».

Ici, un échantillon de plus ou moins quarante phrases seront analysées conformément à la méthode d'analyse structurale. Celle-ci consistera d'abord à présenter la structure ou la phrase incorrecte. Ensuite, un commentaire stylistique ou syntaxique sera fait autour de chaque phrase incorrecte. Enfin, nous présenterons la phrase ou la structure correcte répondant aux critères stylistico-syntaxiques. Voilà le schéma que nous allons suivre tout au long de ce travail.

1. On a me chassé.

Phrase incorrecte, car le pronom personnel « me » complément d'objet direct s'intercale entre l'auxiliaire avoir et le participe passé du verbe chasser. Ceci est le calque de la syntaxe du swahili « *alinifukuza* », où l'infixe objet « *ni* » se place entre le formatif « *li* », et le radical « *fukuza* ». C'est cette même erreur syntaxique que l'on observe à des phrases telles que *on a m'envoyé ; on a me dit de rentrer* ; etc. La construction correcte de la phrase « *on a me chassé* » est « *on m'a chassé* » où l'objet direct « me » s'intercale entre le pronom indéfini « *on* » et l'auxiliaire avoir.

2. C'est moi qui a dit ça.

La maladresse syntaxique à ce niveau est la mauvaise conjugaison du verbe avoir à la 3e personne du singulier, alors que son sujet « moi » est un pronom personnel de la première personne singulier. C'est par cette inconcordance de personnes grammaticales qu'on assiste à des constructions comme c'est *nous* qui *ont* raison ; c'est vous qui a échoué, ce sont *eux* qui *avez* provoqué le professeur ; etc. Le style ou la syntaxe convenable pour tous ces exemples est c'est moi qui *ai* dit ça ; *c'est nous qui avons raison ; c'est vous qui avez échoué ; ce sont eux qui ont provoqué le professeur* ; etc.

3. Le Préfet est absent à l'école.

La fausseté syntaxique de cette phrase vient d'un mauvais emploi de la préposition « *à* ». Au lieu et place de cette préposition, on emploie toujours la préposition ''de'', car on est absent de quelque part, et non *à* quelque part ou *dans* quelque part.

Alors, le style ou la syntaxe correcte est « le préfet est absent de l'école ». C'est sur base de cette vérité qu'on peut dire « *l'acteur principal est absent de la salle des spectacles* » et non « l'acteur principal est absent dans la salle des spectacles ».

4. Comme il fait douze heures cinquante, on doit sortir de l'école.

Cette phrase est incorrecte du fait qu'on emploie le verbe « faire » au lieu et place du verbe « être ». Autrement dit, « il est l'heure » et non « il fait l'heure ». Ce qu'il fallait dire est : « *Comme il est douze heures cinquante, on doit sortir de l'école* ».

Toutefois, on dit : « il fait sombre, chaud, noir, etc.

5. L'hôtel Palace est une maison en étage.

A ce niveau, c'est la préposition « en » qui crée la mauvaise syntaxe à cette phrase. Cette préposition fait allusion à la matière ou à un lieu et non à l'agencement. Ainsi, on dit : une montre en or, une tasse en cuivre ; être en classe, etc.

Mais, pour « une maison en étage », la préposition qui convient le mieux c'est « à » marquant l'agencement, l'arrangement ou superposition d'objets d'où la phrase correcte est : « l'hôtel Palace est une maison à étage ».

6. Notre classe est une chine populaire.

Cette phrase signifie tout simplement « notre classe est une chine qui appartient au peuple, qui concerne le peuple » à cause de l'adjectif qualificatif « populaire». Pourtant en employant cet adjectif, beaucoup d'élèves pensent au peuplement de la classe et non à son appartenance au peuple. Donc, l'entorse syntaxique de cette phrase entame même son sens. Alors, le style ou la syntaxe qui convient pour cet exemple, est : «*Notre classe est une chine populeuse* », c'est-à-dire très peuplée. ([38])

Donc, l'adjectif *''populaire''* n'est pas à confondre à *populeux*. Le premier signifie qui fait partie du peuple, relatif au peuple, alors que le second veut dire où la population est nombreuse. [39]

7. Kago Sport joue avec Nika.

Syntaxiquement parlant, cette phrase est maladroite, car la préposition « *avec* » marque, non l'idée d'adversité, mais celle d'accompagnement. Il s'agit, ici, également de la traduction littérale du swahili « Kago-Sport ikonacheza na Nika ». Pourtant, lorsque deux équipes jouent, c'est l'idée d'adversité qui règne. Et, la préposition marquant cette adversité c'est '' contre''. Alors, il fallait dire : « *Kago Sport joue contre Nika* ».

8. Panda écrit avec le stylo rouge.

Phrase incorrecte à cause de la préposition « *avec* ». Celle-ci, comme nous l'avions dit ci-haut, marque l'accompagnement. Pourtant lorsque l'élève Panda écrit, ce n'est pas le stylo qui l'accompagne, mais c'est plutôt un moyen qu'il utilise pour écrire. C'est sur ce calque swahiliphone que beaucoup d'élèves disent : *je travaille avec la machette, j'écris avec l'ordinateur.*

Donc, à la place d'avec, il vaut mieux employer la préposition « à » marquant le moyen d'où : « *Panda écrit au stylo rouge ». Je travaille à la machette, j'écris à l'ordinateur, etc.*

9. Notre collègue est rentré mains bredouilles.

Une fois de plus, la traduction littérale du swahili : « *Mwenzetu alirudi mikono bure* ». Cette syntaxe est incorrecte du fait qu'on y trouve « *mains bredouilles*»[40]. Ce qu'il

---

[38] M. MAWANGA TULUME, *Remède aux lacunes langagières rencontrées en Français,* Lubumbashi, le Corridor, 2008 ; p.52.

[39] *Dictionnaire Hachette de la langue française,* Pp.1234-1235.

[40] ANDREMANS Mansadila, *Français excellent, Amans Foundation International,*

fallait normalement dire est : «*Notre collègue est rentré bredouille* », c'est-à-dire sans rien entre ses mains.

10. Le Directeur de Discipline est parti avec la pluie.

Cette construction est incorrecte puisqu'on ne part pas avec la pluie. Par contre, *on part sous la pluie.* Donc, ce qu'il fallait dire est que le *Directeur de Discipline est parti sous la pluie.* Partir avec la pluie signifie être emporté par les eaux de la pluie. Pourtant ce n'est pas ça qu'on veut dire pour le Directeur de Discipline.

11. Cet élève est insolent vis-à-vis du surveillant.

La fausseté de cette syntaxe provient de l'emploi incorrect de la locution prépositive vis-à-vis. Celle-ci signifie *en face de.* Situation de deux personnes, deux choses, qui se trouvent l'une en face du l'autre. Elle ne remplace jamais « *envers* » ou *à '' l'égard de''.*[41]

Ce qu'il fallait dire est : « cet élève est insolent envers le surveillant ». Cette phrase signifie que l'élève insolent n'est pas en face du surveillant. On se rappelle son insolence en le voyant. C'est sur cet ordre d'idée, qu'il ne faut pas dire, ce garçon est impoli vis-à-vis de moi. Mais, *ce garçon est impoli à mon égard ou envers moi.*

12. Monsieur le Préfet, je le pardonne pour tout ce qu'il m'a dit.

Dans cette phrase, l'entorse syntaxique est la présence du pronom personnel « *le* », complément d'objet direct. A sa place, l'auteur de la phrase numéro 12 devrait utiliser le pronom personnel « *lui* », complément d'objet indirect, car le verbe « pardonner » est un transitif indirect. Donc, la syntaxe correcte est : « *Monsieur le Préfet, je lui pardonne pour tout ce qui m'a dit* ». Il en sera de même pour les verbes donner et dire. Ex : Je lui donne le cahier ; je lui dis la vérité ; etc. Et non, je le donne le cahier, je le dis la vérité ; etc.

13. Cette élève injurie voire même le Préfet.

Cette construction est incorrecte du fait qu'elle contient un pléonasme vicieux. L'adverbe « *même* » est synonyme de « *voire* ». Si l'un apparait dans la phase, l'autre doit disparaitre. Voilà ce que les élèves du secondaire de la cité de Kasongo ignorent.

Alors, la syntaxe correcte est : « *Cette élève injurie même le Préfet* » ou «*Cette élève injurie voire le Préfet* ».

[41] MAO Mawanga Tulume, *op. cit,* p.9.

14. Qui sont d'accord ?

Interrogeant ses interlocuteurs de cette manière, l'élève de la cité de Kasongo commet une faute syntaxique très lourde. Le pronom interrogatif « *qui* » est ordinairement du masculin singulier.[42] Son verbe reste à la troisième personne du singulier et non au pluriel. La vraie syntaxe de cette phrase est : « Qui est d'accord ?» et non qui sont d'accord ? Cette faute est régulière pour beaucoup de gens.

15. Papa est parti à Kindu.

On part pour et non à. Voilà l'entorse stylistique commise par cette élève de la cité de Kasongo. Le verbe « partir » se construit avec la préposition « *pour* » et non « *à* ». Donc, la syntaxe admise pour cette phrase est : « *Papa est parti pour Kindu* ».

16. D'où venez-vous ? Nous venons à l'Institut Mala.

Encore une fois, mauvaise construction syntaxique engendrée par l'emploi incorrect de la préposition « *à* ». On vient toujours de quelque part et non à quelque part. Voilà la vérité stylistique qui échappe aux élèves du secondaire de la cité de Kasongo. La bonne construction de cette phrase est : « *Nous venons de l'Institut Mala* ».

17. Chaque Dimanche, on entre à la messe à huit heures.

La fausseté de cette phrase provient de l'emploi du verbe « entrer». On peut entrer dans une maison, dans la cabine, etc. Mais, pas dans la messe, car c'est une cérémonie à laquelle, on prend part. Alors, ce que cet élève devrait dire est : « *chaque dimanche, on assiste à la messe à huit heures* ». Voilà la bonne syntaxe selon l'auteur du livre Français Excellent[43].

18. Hier, nous avons parlé sur l'accord du participe passé.

Parler est un transitif indirect. Il se construit avec la préposition « de» lorsqu'il s'agit des choses. En d'autres termes, on parle de *quelque chose* et non sur quelque chose. Voilà ce que beaucoup d'élèves voire certains enseignants de la cité de Kasongo ignorent. Donc, ce qu'il fallait dire est : « *Hier, nous avons parlé de l'accord du participe passé* ».

---

[42] MAURICE Grevisse, *Précis de grammaire française*, Paris, Duculot, 1996, p.128.

[43] ANDREMANS M., op.cit, p.7.

19. Mon frère a marié une belle femme.

L'entorse syntaxique à ce niveau est la substitution du pronominal « se marier » par le transitif direct « marier ». Sémantiquement, marier quelqu'un signifie le livrer au mariage. Tenant compte de cette vérité, la phrase : « Mon frère a marié une belle femme » signifie tout simplement « Mon frère a livré une belle femme au mariage». Autrement dit, la belle femme dont il est question n'est pas l'épouse du frère, mais de quelqu'un d'autre. Alors, pour que cette dernière appartienne au frère, ce qu'il fallait dire est : « *Mon frère s'est marié à une belle femme* » ou « *mon frère a épousé une belle femme* ».

20. Après avoir se trompé, le Professeur Jaques est revenu à la maison.

Cette construction n'est pas correcte puisqu'on y emploie l'auxiliaire avoir au lieu d'être. « Se tromper », étant verbe pronominal, exige à l'infinitif passé et à tous les autres temps composé « l'auxiliaire être ». Ainsi, il aurait fallu dire : « *Après s'être trompé, le professeur Jacques est revenu à la maison* ».
Voilà une bonne syntaxe ignorée par les élèves de Kasongo !

21. Se préparant aux examens, ces finalistes ont veillé toute la nuit entière.

Le péché de cette phrase découle de l'emploi simultané des adjectifs qualificatifs « toute » et « entière ». Il s'agit là, d'une construction pléonastique. Alors, pour assouplir ce pléonasme oiseux ou choquant, il était bon de dire : « Se préparant aux examens, ces finalistes ont veillé toute la nuit » ; « *Se préparant aux examens, ces finalistes ont veillé la nuit entière* » ou « *Se préparant aux examens, ces finalistes ont veillé la nuit tout entière* ». D'ailleurs, c'est cette dernière construction que Colignon et Berthier recommandent[44]. A ce niveau, « tout » n'est plus adjectif, mais adverbe d'intensité.

22. Ce professeur est révoqué, car il a enceinté une fille de 3e H.P.

Cette phrase est incorrecte, car le verbe « enceinter » n'existe pas dans la langue de Voltaire. Il s'agit tout simplement d'un barbarisme : emploi d'un mot inventé constituant une faute. Loin du verbe « enceinter », n'existant pas, l'auteur de cette phrase aurait employé « engrosser, rendre grosse ou rendre enceinte ». Ainsi, sa phrase deviendrait : « *Ce professeur est révoqué, car il a engrossé une fille de la 3e H.P* ».

[44] J.- P. COLIGNON et P.-V BERTHIER, *La pratique du style : simplicité, précision, harmonie*, Paris, Duculot, p.82.

23. Ma mère m'a donné tout ce que j'avais besoin.

La fausseté de cette phrase découle de la présence du pronom relatif « que ». Celui-ci est un complément d'objet direct qui ne mérite pas d'être employé dans cette phrase, car on a toujours eu besoin de quelque chose et non de quelque chose. A sa place, l'élève, auteur de cette phrase, aurait employé le pronom relatif « dont » complément d'objet indirect. Ainsi, la meilleure construction oubliée par notre élève est : « *Ma mère m'a donné tout ce dont j'avais besoin* ».

24. Moi et mon ami avons eu zéro à l'interrogation de français.

Syntaxe incorrecte du fait que le pronom personnel tonique « moi » précède « mon ami, groupe nominal de la troisième personne du singulier. Par cette construction, deux faits sont à retenir. Le premier est l'esprit narcissique et égoïste de l'auteur de la phrase incorrecte sus-évoquée. En second lieu, il s'agit du calque du code swahili : « Mimi na mwenzangu tulipata sufuri kwa mtiani wa kifaransa ». Pour que cette construction soit correcte, la langue de Voltaire exige que « mon ami » précède « moi. Ainsi, notre élève devrait tout simplement dire : « *Mon ami et moi avons eu zéro à l'interrogation* de français ».

25. Le professeur de mathématique est arrivé cet hier.

Cette construction est incorrecte étant donné que l'adverbe de temps '' hier'' est précédé de l'adjectif démonstratif « cet ». Il s'agit là, aussi d'une construction emphatique ratée. Ainsi, pour éviter toute maladresse, syntaxique, notre élève devrait dire : « le professeur de mathématique est arrivé hier » ou « *C'est hier que le professeur de mathématique est arrivé* ».

26. Ma famille habite sur l'avenue songe n°07.

Sémantiquement, cette phrase est incorrecte, car une famille ne peut pas habiter sur l'avenue sinon elle va empêcher la circulation. Sur le plan syntaxique, la préposition « sur » doit céder le pas à « à » introduisant le numéro sept de la maison. Dans ce cas, ladite famille habiterait le long de l'avenue hors de la chaussée.

Ainsi, cet élève, auteur de la phrase incorrecte ci-haut, devrait dire : « *Ma famille habite au numéro sept de l'avenue Songe* ». Voilà la bonne syntaxe montrant que l'avenue Songe est libre pour toute circulation.

27. As-tu maximisé à l'interrogation de géographie ?

La fausseté de cette phrase découle de l'emploi erroné du verbe « maximiser ». Celui-ci, d'après le dictionnaire Hachette de la langue française, signifie pousser à son maximum, c'est-à-dire la plus grande valeur qu'une quantité variable puisse prendre[45]. Devant une telle réalité, il n'y a que les entreprises qui peuvent maximiser leurs recettes.

Voulant demander au collègue s'il a obtenu la totalité des points à l'interrogation de géographie, cet élève devrait employer les verbes « obtenir » ou « réaliser » le maximum des points au lieu de verbe maximiser. Ainsi, l'interrogation correcte est : « *As-tu obtenu le maximum des points à l'interrogation de géographie ?* »

28. Salumu a impolié le disciplinaire.

Le verbe '' impolier'' dérivé de l'adjectif qualificatif « impoli » n'existe pas. il s'agit tout simplement, selon Maurice Grevisse, du barbarisme : incorrection d'ordre lexicologique ou morphologique consistant à donner à un mot une forme ou un sens que n'autorisent le dictionnaire ou la grammaire[46]. A la place du néologisme et barbarisme ''impolier'', on devrait dire : « *Salumu a manqué le respect au disciplinaire* », « *Salumu s'est montré impoli au disciplinaire* » ou « *Salumu a affiché l'impolitesse envers le disciplinaire*». Voilà quelques constructions convenables.

29. Monsieur le professeur, je demande excuse.

L'élément fausseur de cette phrase est la locution verbale « demander excuse ». Néanmoins, on demande pardon à quelqu'un. Ex : Monsieur le professeur, je vous demande pardon. S'agissant ''d'excuse'', il vaut mieux employer la tournir « présenter ses excuses». Ainsi, l'élève, auteur de la phrase incorrecte ci-haut, s'exprimerait sans faute en disant : « *Monsieur le Préfet, je vous présente mes excuses* ». Voilà une bonne syntaxe.

30. J'ai amené vingt mille francs de frais scolaires.

Stylistiquement et sémantiquement, cette phrase n'est pas correcte à cause du verbe « amener ». Celui-ci signifie mener, conduire quelqu'un quelque part ou auprès d'une personne. Considérant cette signification, il est clair qu'on n'amène pas l'argent ; mais on l'apporte.

---

[45] *Dictionnaire Hachette de la langue français*, p.963.
[46] Maurice Grevisse, *op. cit*, p.29.

Ainsi, notre élève aurait mieux exprimé sa pensée en disant : « j'ai apporté vingt mille francs de frais scolaires ».

31. Ce garçon est chaque jour sale.

D'après la stylistique, cette phrase n'est pas parfaitement correcte. Les stylistes pensent que l'adjectif ''sale'' ne peut être employé que pour qualifier les objets dont la pureté est visiblement altérée par une substance étrangère. Dans ces cas, on peut parler '' de l'eau sale''. Par contre, lorsqu'il s'agit des êtres humains, il est bon que l'adjectif qualificatif ''sale'' cède le pas à '' malpropre''[47]. Ainsi, pour que la phrase '' ce garçon est chaque jour sale'' réponde au critère stylistico-syntaxique, son auteur aurait dit : « *Ce garçon est chaque jour malpropre* ».

32. Les élèves de 1ere année étudient le français ou soit l'anglais.

La fausseté de cette phrase découle du pléonasme vicieux ***ou soit***. Ces deux conjonctions de coordination ne doivent pas simultanément être employées dans une même phrase. Voilà ce que cet élève, auteur de la phrase pléonastique, a oublié. Pour épurer son style, il aurait dit : « les élèves de 1ere année étudient le français ou l'anglais » soit « les élèves de la 1ere année étudient le français soit l'anglais ». Donc, si ''ou'' est employé dans une phrase '' soit'' doit disparaitre.

33. Comment va votre père ? il va de mal en pire.

L'emploi corrélatif de ''mal'' est ''pire'' au sein de cette phrase est la cause de sa fausseté stylistique. ''Mal'' est un adverbe qui ne doit pas être employé dans une même phrase avec ''pire'' adjectif qualificatif signifiant ''plus mauvais''.

A ce niveau, il est clair que l'élève, émetteur de la phrase incorrecte ci-haut, confond le superlatif de « mauvais » pire au superlatif du ''mal'' pis signifiant '' plus mal''. Ainsi, pour épurer sa syntaxe, notre élève aurait répondu : « il va de mal en pis ».[48] Ce qui veut dire ''il va de mal en plus mal ''.

34. Monsieur le préfet, j'en ai mal avec le professeur de mathématique.

Victime d'un mauvais traitement de la part de son professeur de mathématique, cette élève n'a pas réussi à exprimer le bout de sa patience. Loin d'employer ''mal'' dans sa

---

[47] ANDREMANS Mansadila, *op.cit*, p.29.

[48] Charles Lavauzelle, *op.cit*, p.157.

phrase, elle l'aurait substitué par l'adverbe ''marre'' signifiant ''assez''. Ainsi, sa phrase deviendrait : « *Monsieur le préfet, j'en ai marre avec le professeur de mathématique».* Voilà une bonne syntaxe, car '' en avoir marre'' signifie ''en avoir assez'' alors que ''avoir mal'' veut tout simplement dire sentir une douleur physique.

35. Malgré que je suis intelligent, j'échoue.

Cette phrase est incorrecte à deux niveaux : l'emploi de « Malgré que » et le « mode » de la subordonnée. D'après Charles –Lavauzelle, on ne peut pas employer '' malgré que '' au sens de « bien que » ou « quoique ». Il faut lui substituer l'une de ces deux expressions.[49]

En plus, le verbe de cette subordonnée est toujours conjugué au subjonctif et non à l'indicatif. Ainsi, pour épurer cette phrase, notre élève aurait dit : « Bien que je sois intelligent, j'échoue ou malgré mon intelligence, j'échoue».

36. Le Directeur des Etudes a fait un beau discours ce matin.

A ce niveau, l'élève auteur de cette phrase, pèche par l'emploi du verbe passe partout « faire ». A sa place, il aurait employé le verbe « prononcer » plus expressif pour un discours. Ainsi, sa phrase deviendrait : « Le Directeur des Etudes a prononcé un beau discours ce matin ». Voilà la meilleure construction stylistique.

37. De tous nos professeurs, celui de français et plus pire.

Pire est un adjectif, superlatif de « mauvais ». Il est le contraire de ''meilleur'' signifiant « plus mauvais ». Il ne doit pas être précédé de l'adverbe intensif « plus ». C'est cet élément qui constitue la faute de cette phrase. Pour la rendre correcte, son auteur aurait dit : « De tous nos professeurs, celui de français est pire », c'est-à-dire plus mauvais que tous les autres.

38. Le professeur n'a pas mis sa signature sur ma copie.

On ne met pas sa signature sur la copie. Par contre, on l'appose sur la copie. Voilà ce que l'auteur de la phrase n°38 a oublié. Cet aspect stylistique a été soulevée par Muzindusi Magara dans son livre ''style français, choix du mot propre''. Dans cet ouvrage, cet auteur styliste estime que le verbe passe partout '' mettre'' doit céder le pas au verbe expressif

[49] Idem, *op.cit,* p.157.

''opposer'' lorsqu'il s'agit de la signature[50]. Ainsi, pour épurer son style, notre élève aurait dit : « Le professeur n'a pas apposé sa signature sur ma copie ».

39. Papa m'a fait passer sa colère.

La fausseté stylistique de cette phrase vient de l'expression ''faire passer'' sa colère sur quelqu'un. Loin de l'employer, l'élève, auteur de la phrase n°39, aurait utilisé le verbe expressif « décharge » ou « déverser » sa colère sur quelqu'un.[51] Dans ce cas, sa phrase deviendrait : « Papa m'a déchargé sa colère » ou « Papa m'a déversé sa colère ». Voilà la meilleure construction stylistico-syntaxique.

40. Ce grand violeur a évadé dans la prison centrale.

La construction de cette phrase demeure incorrecte pour deux raisons. La première est l'emploi du verbe ''évader'' n'existant pas seul en français. A sa place, il n'y a que le pronominal ''s'évader'' et « faire évader». [52] La deuxième raison est l'emploi erroné de la proposition « dans » au lieu et place de ''de''. On s'évade d'un lieu et non dans un lieu où l'on était prisonnier. Ainsi, pour épurer son style, notre élève aurait dit : « *Ce violeur s'est évadé de la prison centrale* » ou « les geôliers ont fait évader ce violeurs».

Ainsi donc, nous voici au terme de notre travail. Celui-ci était axé sur quelques fautes stylistico-syntaxiques commises par les élèves du secondaire de la cité de Kasongo. Voilà ce que nous révèlent les quarante phrases de notre échantillon. Aussi, doit-on retenir que l'analyse structurale de ces quarante phrases nous a permis de regrouper toutes les maladresses en quatre catégories :

1. Entorses dues au mauvais emploi des prépositions telles que pour, avec, de, à, sur, etc.
2. Fautes liées aux verbes : mauvaise conjugaison, emploi des verbes passe- partout voire les barbarismes tels que enceinter, impolier, etc.
3. Mauvais arrangement des mots dans la phrase : les pléonasmes oiseux, mauvais emploi des pronoms, etc.
4. Entorses dues au mauvais emploi de superlatifs des adjectifs et adverbes.

Voilà les fautes qui caractérisent le style et la syntaxe de beaucoup d'élèves de la cité de Kasongo. Quitte aux professeurs de cette cité de renforcer leurs leçons stylistico-syntaxique en vue de combattre efficacement ces maux qui n'ont que trop duré.

---

[50] MUZINDUSI Magara, *Style français, choix du mot propre*, Bukavu, CERUKI, 1973, p.86.

[51] *Idem, Op. cit*, p.77.

[52] *Dictionnaire Hachette de la langue française*, p.600.

BIBLIOGRAPHIE

- LUWANU, A. ; *Riche en vocabulaire,* Kinshasa, Priorité Education, 2013.
- MANSADILA, A. ; *Français excellent*, Kinshasa, Multimédia assis, 2015.
- CHARLES - LAVAUZELLE, *Grammaire française expliquée*,
- DE CAZANOVE, C. et alii. ; *Grammaire et expression,* Paris, Nathan, 1996.
- COLIGNON J.-P et BERTHIER P.V. La pratique du style simplicité, précision, harmonie, Duculot, Paris.
- DEPREZ, J. et alii. ; *Grammaire française moderne,* Stelle Maris, Bruxelles, 1978.
- DUBOIS J. et LAGANE R. ; *Larousse du grammaire,* Unigrof, Espagne 2008.
- MOLINIE, G. et alii. ; *Grammaire et communication*, Paris, Magrand, 1997.
- GREVISSE, M. ; *Précis de grammaire,* Paris, Duculot, 1996.
- GUIRAUD, P. ; *La syntaxe du français*, Paris, PUF, 1962.
- MAO Mawanga Tulume, *Remède aux lacunes langagières rencontrées en français,* Lubumbashi, le corridor, 1978.
- MITTERAND et alii. ; *Langue française*, Paris, Nathan, 1984.
- MAGARA, M. ; *Style français, choix du mot propre*, Bukavu, CERUKI, 1973.
- LEROY, S. et alii. ; *Grammaire et expression*, Paris, Nathan, 1996.

Par SUMBU Manyonga,

Assistant à l'I.S.P./Kasongo

LA REBELLION DE SIMBA MULELISTES DANS LE SECTEUR DE WAZIMBAWA-MARINGA DE 1964-1968
Une approche dialectique

RESUME

Cet article porte sur la Rébellion de Simba Mulélistes de 1964 dans le Secteur de Wazimba-wa-Maringa. Il vise à montrer que le processus dialectique de par la loi de contradiction, internes ! Thèse-anti-thèse- synthèse, constitue le moteur de changement des sociétés humaines.

Introduction

Nous nous proposons à travers les lignes qui suivent d'exposer en ses grands traits la Rébellion de Simba Mulelistes dans le Secteur de Wazimba-wa-Maringa de 1964 à 1968. Si nous avons opté pour le présent sujet, c'est surtout suite à des préoccupations biens précises : la participation à la recherche, le souci de compléter les travaux de nos prédécesseurs ([53]), la valorisation de ce coin qui nous a vu naître, et tant d'autres. La participation, telle évoquée ici, revêt la signification suivante : le chercheur qui a vécu un événement peut également trouver une piste de recherche dans celui-ci en tant que participant ou acteur. Sa lecture sera sans doute une lecture interne du fait qu'il décrit ou analyse l'événement à partir des faits qu'il a vécu lui-même ([54]). La Rébellion dont il est question ici est intervenue alors que nous passions notre cycle d'enseignement primaire et celui d'orientation ; respectivement sous la première ([55]) et la seconde République ([56]).

Hormis l'introduction, le corps du travail comprendra quelques considérations sur l'approche dialectique ou marxiste, la rébellion de Mulelistes dans le Secteur de Wazimba-wa-Maringa, les incidences ou retombées telles que vécues au sein dudit Secteur. Une conclusion reprendra de manière synthétique ces divers points. Sans chercher à discourir abordons ainsi le premier point.

1. Quelques considérations sur l'approche dialectique ou marxiste

Une étude scientifique ne s'effectue pas au hasard car elle doit se référer à telle ou telle approche méthodologique vu que les domaines de recherche y compris les champs d'application sont multiformes. Ainsi par approche faut-il comprendre la manière d'aborder un sujet donné. Le nôtre étant focalisé sur la rébellion, nous ne pouvions que recourir à cette

[53] A titre illustratif, VERHAEGEN, B.et NDAYWEL, I, selon l'ordre de publications.

[54] N'SANDA BULELI, *Cours de critique historique,* G2 Histoire-SS et GP, ISP/Kasongo, 2014, p35, inédit.

[55] De juillet 1964 à Novembre 1965, dernière partie de la première République ou celle de Joseph KASA-VUBU.

[56] De Novembre 1965 à Mars 1968, une partie de la seconde République ou celle de Joseph Désiré MOBUTU.

approche. Celle-ci concerne des situations de crise. Elle met face à face deux ou plusieurs positions ou facteurs en conflit. Bien plus, elle a comme exemple pratique les mouvements de résistance. En quoi l'approche dialectique est-elle marxiste ? Pour l'élucider montrons ce qu'est le Marxisme. Celui-ci est une école d'idées et d'actions politiques dont les tenants Engels et Karl Marx. Selon ces deux, l'histoire de toute société jusqu'à nos jours est une histoire de la lutte de chasses. Ces deux précités fondent leur doctrine sur les modes de production et les formations de classes sociales. Sous la période où ils avaient vécu, le capitalisme avait entraîné la misère pour la majorité et la richesse pour une minorité. Aussi se révéla-t-il nécessaire de participer aux mouvements politiques de contestation contre un tel régime. En référence encore à ces deux grands penseurs la conception dialectique du développement pivote autour de quatre lois fondamentales :

- La loi de l'action réciproque : tous les phénomènes sociaux agissent les uns sur les autres ;
- La loi de la contradiction : pour arriver à une lutte génératrice du progrès, les contraires doivent commencer par vivre ensemble, coexister. La lutte de classes est la source même du progrès, le moteur de l'histoire, c'est donc un mal nécessaire.
- La loi du changement dialectique et la loi de changement de quantité en qualité : les phénomènes sociaux se convertissent progressivement les uns sur les autres et que cette conversion est avant tout le fruit de leur conversion interne[57].

Tel signalé ci-haut, dans le mouvement dialectique de l'histoire apparaissent des contradictions dont l'homme peut prendre conscience. Et lorsqu'il en a pris conscience, il est en même temps invité à les supprimer et à faire aller de l'avant l'histoire. Un autre auteur consulté[58] soutient que pas d'objet où l'on ne puisse trouver une contradiction, c'est-à-dire des déterminations opposées et nécessaires. Un objet sans contradiction est une abstraction pure de l'entendement qui maintient avec une sorte de violence l'une de déterminations et dérobe à la conscience la détermination opposée qui contient la première.

Le moment négatif prend donc sa place et sa fonction. La démarche de la pensée qui se trouve obligée de sortir d'une position qu'elle voudrait définitive, et de tenir compte d'autre chose en niant par là son affirmation initiale, ce moment dialectique se retrouve partout à toutes les époques bien que mal élucidé. Tout mouvement est contradiction car sans contradiction immanente rien ne bouge. Le mouvement est lui-même une contradiction et celle-ci propulse le mouvement. Dans tout concret, il faut retrouver la négation, la

---

[57]ITONGWA MWANGA, L., *Le complément des Sciences sociales,* Cours dispensé en G3 Histoire. SS, ISP/Kindu, 2012, pp. 8-9, inédit.

[58] LEFEBVRE, H. ; Le *Matérialisme dialectique*, Paris, Presses Universitaires de France, 1971, pp. 21-35.

contradiction interne, le mouvement immanent, le positif et le négatif. Pour nous résumer, nous disons que l'approche dialectique met en face à face deux ou plusieurs positions, facteurs en conflit afin de dégager des synthèses. Au départ nous avons la thèse ou le premier terme, pris l'antithèse ou le second terme et enfin la synthèse ou le troisième terme.

Nous référant à tout ce qui vient d'être susmentionné, la Rébellion de 1964 constitue un moment dialectique sans le moindre doute ; un moment né de moments précédents et qui disparaîtra à partir de contradictions en son sein pour donner naissance à une nouvelle ère. Notre Pays avait accédé à la souveraineté internationale, le 30 juin 1960. Les Congolais s'étaient libérés du Joug colonial ou régime caractérisé par toutes sortes d'inégalités sociales, d'injustices et d'oppressions au cours de décennies. Hélas, à peine quelques jours après apparaîtront successivement la Mutinerie de la Force Publique, les sécessions katangaise, sud-kasaïenne, le départ de cadres européens par milliers, la chute du gouvernement Lumumba, la mort mystérieuse de celui-ci… ; tous ces faits rappelés, couronnés par l'impasse constitutionnelle totale au détriment du peuple congolais ou la majorité et ce de septembre 1960 à octobre 1963, date de la création du C.N.L.[59] par des Lumumbistes opposés au pouvoir de Léopoldville taxé de docile aux néo-colonialistes européens et impérialistes américains. Le C.N.L. avait dans la suite connu une scission : l'aile Bocheley Davidson favorable à la négociation avec le gouvernement central ; l'aile radicale ou celle de Christophe Gbenye, ancien ministre de l'intérieur de gouvernement Lumumba. C'est donc cette seconde aile qui intéressera notre modeste recherche ; aile farouchement opposée à Léopoldville.

En parcourant son programme d'action daté du 15 avril 1964 nous y avons senti un moment dialectique : « Restaurer la souveraineté populaire, reconquérir l'indépendance nationale, établir un gouvernement révolutionnaire national et populaire. Briser l'emprise du joug impérialiste des U.S.A., garantir et élever le niveau de vie de masses laborieuses, etc. Pour atteindre ces objectifs, préconiser toute forme de lutte susceptible de renforcer l'action révolutionnaire armée ; proclamer la création de l'armée populaire de libération entièrement au service du peuple »[60] Ceci dit, examinons ainsi la notion de révolte qui rejoint étroitement les propos ci-dessus. Le professeur Dimandja en parle en ces termes-ci : « la révolte est une notion universelle. Partout où elle se manifeste, elle constitue l'expression ouverte de

---

[59] C.N.L. : Conseil National de Libération créé le 03 octobre à Léopoldville (actuelle ville de Kinshasa) par Les Nationalistes Lumumbistes à cause de la fermeture de chambres par KASA-VUBU et l'expulsion de ceux-là du gouvernement.

[60] C.R.I.S.P., *Congo 1964*, Bruxelles, 1964, pp.39-41. Ce programme d'action contient du Marxisme dans ses grandes lignes.

sentiments de dominés contre leurs oppresseurs. La Rébellion de 1964 était la première révolte post-coloniale authentique de masses rurales dont l'on ne pouvait mesurer les intensités. Le but poursuivi fut de résister contre le pouvoir établi et instaurer un nouvel ordre socio-politique à travers le territoire national ».[61]

Ayant ainsi parlé de considérations combien importantes relatives à l'approche dialectique ou marxiste en se grands traits, nous passons au second point de cette étude concernant la présentation de la Rébellion dans le Secteur.

1. La Rébellion de Simba Mulelistes dans le Secteur de Wazimba-wa-Maringa.

Nous ne pouvons nullement entrer dans le vif du sujet sans au préalable mettre en évidence certaines observations qui feront l'objet de lignes indiquées ci-dessous :

- Au Congo post-colonial il n'a pas existé d'après l'éminent chercheur Benoît Verhaegen, une Rébellion, mais des rébellions. Pourquoi ce pluriel ? Ceci se justifie par le fait que chaque région avait sa physionomie propre liée aux réalités politiques, ethnologiques et économiques particulières.
- Le déclenchement des insurrections lumumbistes entre 1963 et 1965 d'abord au Kwilu par Pierre Mulele, ancien Ministre de l'Education Nationale dans le gouvernement lumumba, ensuite à l'Est du Congo et connu sous le nom de « Rébellion mulelistes » ainsi que leur résorption pour l'A.N.C. appuyée par les forces belges et les mercenaires européens rhodésiens et sud-africains.

Avant le déclenchement de ce mouvement insurrectionnel, le Secteur de Wazimba-wa-Maringa était une entité administrative de la Province du Maniema créée en 1962 [62] ; celle-ci cessait de dépendre de Bukavu. Le Maniema en général et le secteur en particulier passèrent sous la coupe du CNL/Gbenye. Voyons alors les facteurs qui seraient à la base d'entraîner ce dernier dans ce mouvement

2.1. Prélude à la rébellion

2.1.1. Aspect politique

Avant l'indépendance les principaux partis politiques implantés dans ce secteur furent :

- Le CEREA ou Centre de Regroupement Africain dès avril 1959, un parti nationaliste radical dont les leaders locaux Milambo Raphaël surnommé Buisseret et Nguba

[61] LUHAKA, D. ; *Cours d'Histoire du Zaïre moderne et Indépendant*, L2 Histoire, 1986, UNILU, 1986, inédit.
N.B : En 1986 notre pays s'appelait République du Zaïre.
[62] Œuvre du gouvernement d'Union Nationale de Cyrille ADOULA

Théodore, tous deux Zimba ou Binja de Maringa. Ce CEREA était de l'aile /Kashamura.

- Le MNC/L ou Mouvement National Congolais/Lumumba, arrivé en octobre 1959 dont le leader local Makuburi Ernest alias Kimbungu. Ce parti connut de nombreux adhérents chez les musulmans longtemps marginalisés par les autorités coloniales et les missionnaires catholiques. Le leader fut de souche Kwange.
- Le PNP ou parti National du Progrès y pénétra en mars 1960 sous l'influence des colons et missionnaires sur les chefs coutumiers. Le leader fut Kapepa Revocato.

Quant à l'implantation de ces divers partis, les propagandistes se déplaçaient d'un coin à l'autre et lors de meetings annonçaient au peuple le bien-fondé de leurs partis respectifs puis s'en suivait la vente de la carte de membre, sans contrainte. Bien plus, des promesses fabuleuses étaient tenues au peuple dès qu'arriverait l'indépendance assimilable à l'Age d'or''.

Le 30 juin 1960, les festivités de l'indépendance se déroulèrent partout dans une atmosphère d'allégresse : des jeux, des réjouissances populaires avaient été organisées ; des repas copieux servis, de la boisson à gogo. A travers les villages, des coups de feu furent tirés en l'air un signe de soulagement car ainsi prenaient fin les contraintes imposées par les colonisateurs sous plusieurs formes pendant de nombreuses années.

Après cette accession à l'indépendance viendront les années lugubres qui firent surgir le démon de la division. Sans nous perdre dans d'inutiles détails, passons à l'essentiel :

- L'impact de la Mutinerie de la Force Publique du 05 juillet 1960. L'accrochage du 18 juillet à Kasongo entre les Para-commandos belges venus de Lokandu et le peloton de la Force Publique à Kasongo entraîna la mort de cinq militaires et six civils congolais tués, tous les magasins pillés et le départ de tous les Européens.[63]. Ce fut la panique à travers tout le territoire de Kasongo. L'on crut au déclenchement d'une guerre ;
- Le désordre politique au Kivu post-colonial caractérisé par l'opposition entre nationalistes modérés et nationalistes lumumbistes radicaux d'une part, et de l'autre, dès septembre 1963 l'état d'exception décrété au Maniema et la disparition de l'influence du MNC/Lumumba jusqu'en 1964 sur toute la province[64].

---

[63] CRISP. *Congo 1960*, Bruxelles Tome II. Pp.1002-1010.

[64] L'œuvre de MABOTI, Ministre de l'Intérieur au sein du cabinet ADOULA.

2.1.2. Aspect socio-économique

Vu l'insécurité qui avait d'abord caractérisé l'espace de Kasongo[65] de juillet 1960 à août 1961, voire après, des colons durent fermer leurs valises et s'en aller pour ne plus revenir. Nous citons : Marneff, planteur de café à Ndaradi (Kipaka) Vachaudez, planteur de café, scieur de bois à Famba, Waltoff, planteur de café à Katondo (Amba) et kunda bien plus propriétaire d'une rizerie mécanique à Kunda. Ayant ainsi abandonné leurs entreprises, celles-ci cessaient ipso facto de fonctionner et le chômage comme conséquence logique apparut. Les ouvriers et travailleurs ne pouvaient plus les entretenir car l'espoir d'être rémunérés s'avérait nul.

Un autre fait non négligeable fut celui de la « République libre du Congo », de durée éphémère, proclamée par Antoine Gizenga à Stanleyville après la chute du premier gouvernement. Toutes les régions qui en dépendaient traversèrent une période pénible : manque de pièces de rechange, carburant pour véhicules à moteur, carence en produits de première nécessité, tels du savon, du sel industriels et autres articles manufacturés, cela suite à un blocus économique décrété par Léopoldville. Tout était devenu rare et cher que ce fût à Kunda, Kipaka, Mingana, Kasongo, principaux centres commerciaux de l'espace kasongolais. Face à toutes ces difficultés la population qui d'ailleurs, est en majorité rurale commençait à éprouver une certaine nostalgie de la période coloniale. Elle se demandait sans cesse si telle était l'indépendance tant vantée par les leaders locaux avant son avènement.

D'une manière générale, la situation socio-politico et économique pourrait se résumer tel indiqué ci-après : « la misère, l'anarchie, les querelles des politiciens, lesquelles n'avaient pas permis de créer la paix dans la région. Les travailleurs n'avaient plus du boulot par suite du départ massif des Européens, leurs anciens employeurs. Les Agents de l'Etat qui continueraient tout de même à travailler n'étaient pas du tout régulièrement payés. Les agriculteurs qui devaient vaillamment s'adonner aux travaux champêtres ne le faisaient pas. La carence de médicaments à l'hôpital et dans les dispensaires ruraux attiraient l'attention de tout le monde.[66] Après ce survol sur la situation socio-politico-économique de l'espace correspondant à notre recherche nous passons ainsi à la rébellion au sein de notre secteur en insistant sur ses réalités particulières.

Pour commencer, nous tenons à préciser trois points importants :

- Cette rébellion n'avait pas tiré ses sources du maquis de Pierre Mulele, au Kwilu ;
- Elle fut étroitement rattachée au C.N.L/Gbenye à tendance lumumbiste radicale ;

[65] En tant que Territoire du District du Maniema, Province du Kivu.

[66] Le fonds du Bien-être Indigène (F.B.I) en avait construit quatre dans ce secteur plus des salles pour malades à Tambwe-Tchange, Kunda, Kipaka,Mobanga.

- Elle fut le résultat du front révolutionnaire organisé dès le 15 avril 1964 dans la région d'Uvira-Fizi dont les ténors Gaston Soumialot[67] et Laurent-Désiré Kabila en vue d'occuper le Nord-Katanga et le Maniema.

2.2. L'arrivée de Simba Mulelistes [68]

Les conditions psychologiques étaient réunies pour que ces insurgés pénètrent sans résistance dans le Territoire de Kasongo et le Secteur. Le mythe de leur invulnérabilité, le départ précipité de missionnaires catholiques de Kasongo, Kipaka,Mingana... vers Kindu en vue de gagner Bukavu ou Léopoldville pour plus sécurité, attisèrent le désarroi chez la population en référence aux informations qui étaient radiodiffusées sur la rébellion du kwilu où les cibles étaient les militaires, les chefs-lieux de secteurs, les centres urbains et missions.[69] Avant l'entrée de cette rébellion, le Maniema était déjà une province[70], Kipaka, le Chef-lieu du Territoire de Kipaka qui regroupait les populations de Maringa, Mulu et Bakwange. Kaparangao abritait le chef-lieu du secteur.

Les premiers rebelles à pénétrer dans ce secteur furent les Babembe et Babuyu et ce, le 17 juillet 1964 en direction de Kindu. Ayant appris leur progression vers l'Uzimba, la population était partagée. Certains groupes constitués surtout d'hommes- les femmes et les enfants déjà en forêt – attendaient le long de la route Mobanga-Kipaka-Kunda-Kaparangao, l'arrivée de « libérateurs » qui soutenaient chaque fois qu'ils descendaient de camions pour haranguer le peuple qu'ils venaient instaurer la véritable indépendance nationale ; la première ayant échoué suite aux congolais ayant vendu le pays aux occidentaux ; en plus il fallait leur indexer les P.N.

2.3. Les personnes ciblées par les rebelles.

Comme ils venaient libérer les Congolais, ils devaient s'attaquer principalement à ceux qui avaient compromis la première indépendance. A travers ce secteur les personnes visées furent les mêmes dans une très profonde similitude que celles du Kwilu sous Mulele :

- Les fonctionnaires de l'administration publique car ils représentaient à leurs yeux le gouvernement central « corrompu » de Léopoldville. Ils étaient en outre considérés comme les seuls profiteurs de l'indépendance. Tel l'affirme Kinghombe Kanghondo

---

[67] De son vrai nom SUMAHILI.

[68] Simba Mulelistes : Simba ou Lion symbolise la force, la terreur qui caractérise cet animal tant chez les humains que chez d'autres bêtes. Mulelistes provient de Mulele, premier à déclencher un mouvement insurrectionnel contre le pouvoir de Léopoldville dans le Kwilu au Bandundu.

[69] NDAYWEL è NZIEM, I., *Nouvelle histoire du congo des origines à la République Démocratique Afrique*, Ed. Kinshasa, 2008, Pp.433-495

[70] Confer supra

Cyprien : « Nous reconnaissons aujourd'hui en Afrique que la bourgeoisie s'installe de plus en plus que l'aliénation et l'exploitation de l'homme africain occupe une place de choix aussi bien pendant la période coloniale qu'après ».[71]

- Les militaires et policiers à cause de leur pouvoir répressif depuis la colonisation des masses populaires.
- Les enseignants : ils menaient une vie relativement aisée. Les jeunes qui n'avaient pas réussi aux études, ayant attribué les causes de leur échec à la mauvaise foi des enseignants. Il fallait venger cela et la rébellion s'offrit comme une occasion favorable.

2.4. L'Armée populaire de libération

A titre de rappel sur le programme d'action du CNL, tel évoqué au premier point de cette étude, tout mouvement révolutionnaire qui veut atteindre ses fins doit se doter d'une force armée. Qu'en avait-il été de la rébellion de 1964 au sein de notre secteur ? Les troupes de l'APL provenaient de couches ci-après :

- Des jeunes ayant terminé ou pas leurs études ; les premiers cités, sans emploi les seconds qui nourrissaient leur poursuite dans un régime démocratique dans l'entre-temps végétaient dans l'oisiveté ; les jeunes constituent le groupe social qui remet tout en question quand plus rien ne marche ;
- Des chômeurs ou anciens travailleurs des entreprises coloniales devenus sans emploi après l'indépendance ;
- Certains anciens fonctionnaires, militaires de l'ANC, voire enseignants qui tenaient à sauver leur peau. A ceux-ci s'ajoutent des recrues volontaires tels des paysans ;
- Tous les autres frustrés de la première indépendance emboîtèrent le pas aux susmentionnés.

Comme mission, combattre tous les anti-révolutionnaires, sécuriser la population libérée, Instaurer une nouvelle administration. Les véhicules à moteurs à bord desquels ils se déplaçaient d'un coin à l'autre étaient arrachés de force de mains de leurs propriétaires : la Cotonco à Kasongo, les commerçants, ceux de la famille du colonel Benezeth Kabingwa Officier de l'A.N.C. L'armement était très rudimentaire. Il comprenait des lances, machettes, gourdins, quelques armes à feu telles les marques Mauser 52, P.30 en nombre infirme. Leur confiance reposait surtout sur les pratiques occultes qui faisaient qu'avant d'aller au combat toute recrue devait subir une sorte baptême vituel. Il ne pouvait pas consommer n'importe

---

[71] KINGHOMBE KANGHONDO, C. ; *Essai de compréhension sur la problématique de la société chez KARL MARX*, Travail de fin de cycle de Philosophie Grand séminaire Monseigneur CLEIRE, Kasongo, 1995, p.28.

quoi, tels les poissons sans écailles, la chair de mouton, s'abstenir de rapports sexuels, extorquer les biens des civils, ne jamais regarder derrière lors de combats, etc.

2.5. Les grands chefs rebelles au sein de ce secteur.

Ce qui est curieux à ce sous-point est le fait qu'à l'avènement de la rébellion les anciens leaders locaux de partis politiques nationalistes devinrent les grands chefs de ce mouvement insurrectionnel au sein du secteur. Ainsi nous avons connu

- Milambo Raphaël surnommé « Komombo Buisseret ». Il fut successivement après avoir été moniteur, commissaire de District à Kindu en 1962 et en 1964 à Kasongo où il instaura un régime de terreur. Colonel de l'APL en 1965. De 1965 à 1968 il avait dirigé l'Etat-major rebelle de la zone II de décembre 1966 à 1968. Il était Zimba au Binja.
- Nguba Théodore : ancien soldat de la Force Publique. Major dans l'APL depuis le 19 juillet à Kasongo. Fut tué le 21 septembre 1964 lors de la 2ième opération sur Bukavu. Il était aussi Zimba .
- Makuburi Ernest : ancien soldat de la Force Publique. Colonel de l'APL en juillet 1964 il se rendit à l'ANC en 1967 et connut une mort atroce suite à ses cruautés le long de la rébellion[72].

A part ces trois les plus « illustres » d'autres s'étaient distinguées par des comportements inhumains tels les cités ci-après :

- Sumbu Médar, ancien griot, natif de Makangila dans le Mulu mais devenu pour la circonstance Major de l'APL.
- Major Mambenga natif de Mwanga ; Iyao et Meemba Joseph de Saidi ; Mwepa de Bakari/Mulu. Tous ceux que nous venons de citer ci-dessus passaient pour des « seigneurs de guerre ».

2.6. Les grandes figures exécutées dans le secteur

Les exécutions dont il est question ici reposent sur plusieurs causes déjà évoquées[73]. A cela s'ajoute la haine et la jalousie d'ordre socio-économique. Comme grandes figures nous citons :

- Kapepa Revocato : Chef de secteur, président du P.N.P, il fut tué à Kunda o coups de lance, puis incinéré à l'essence, il possédait une voiture.

---

[72] VERHAEGEN, B, *Op. cit.* pp.759-773.

[73] Cf. supra.

- Kipaka Pierre : membre du collège permanent et vice-président du P.N.P dans le secteur. Il avait une voiture. Fut tué à Kipaka à coup de lance puis incinéré, après avoir couvert son corps de chaume ;
- Alimasi Kitea : soldat retraité de la Force Publique. De son vivant il se fit construire une maison en briques cuites et tôlée ;
- Lucuba Léonard : soldat retraité de la Force Publique. Il possédait une maison en briques cuites et tôlée une palmeraie et une petite plantation de café robusta ;
- Benatar Bitingo Jérôme : de souche lega, ministre de l'intérieur et de la Justice dans le gouvernement Tshomba à Kindu (juin 1964) fut tué à Kipaka par les simba qui venaient de Kasongo pour avoir tenté de leur opposer résistance vis-à-vis de leur progression vers Kindu.

Un fait mérite d'être signalé car chaque fois qu'il s'agissait d'exécuter un P.N.P un militaire ou policier indexé par les civils, les membres de sa famille étaient contraints à chanter pousser des acclamations car le pays venait d'être débarrassé de l'un parmi ceux qui avaient participé à sa ruine de 1960 à 1964.

De tous les secteurs et chefferies de Kasongo l'Uzimba avait subi une très dure répression de la part de Mulélistes. A l'issue d'accrochage entre les éléments de l'A.N.C venus de Kindu et les Simba à Kaparangao, chef-lieu du secteur, deux simba y trouvèrent la mort, les éléments de l'ANC prirent la fuite. La population réfugiée en forêt, sur ordre de Simba, fut conviée par le biais de Mondele, grand-frère du chef de secteur à venir enterrer ces deux. Ainsi dit ainsi fait. Après l'inhumation plus cu moins trente-huit personnes furent enfermées dans une maison qui prit feu sous l'action de Simba. De ce nombre un seul rescapé du nom de Makwata. Précisions aussi que le grand-frère du chef précité reçut le coup de balle, cela entraîna la reddition du chef de secteur aux Simba, dont nous avons déjà parlé de sa mort. Tout le chef-lieu du secteur fut incendié à l'instar de la rébellion du Kwilu.

Un autre fait fut celui de la famille du colonel Kabingwa Benezeth natif du secteur de Wazimba-wa-Mulu. Son village fut incendié à la suite de vieilles querelles claniques et surtout par jalousie d'ordre social. De 1961 à 1964, cette famille possédait trois camions, deux camionnettes, une voiture et autres biens matériels. Ceux-ci constituaient du butin qui provenait de Bakwange au sud-Kasaï où le colonel avait participé aux opérations militaires destinées à mater cette sécession. A l'avènement de la rébellion tous les véhicules furent ravis sauf un seul incendié sur place. Ses frères germains dont Jean Kaitenge et Amuri subirent la mort. Note étude porte sur le secteur de Wazimba-wa-Maringa, si nous avions un peu évoqué celui de Mulu c'est puisque les Simba originaires de Maringa participèrent au pillage de la famille du colonel Kabingwa.

2.7. La participation massive de Wazimba à la rébellion

Les premiers à pénétrer le Territoire de Kasongo tel annoncé précédemment, étaient les Babembe et Babuyu. Après avoir conquis la ville de Kindu, les Wazimba furent recrutés et adhérèrent massivement à ce mouvement pour des raisons reprises ci-dessous :

- De tous les secteurs et chefferies du territoire de Kasongo, ils constituaient la tribu la plus prolifique et d'ailleurs jusqu'à nos jours de par la présence de deux secteurs chez eux : wazimba-wa-Maringa et wazimba-wa-Mulu ;
- Dans les temps reculés ils avaient la réputation d'être des guerriers courageux ;
- L'influence de leurs frères du terroir, leaders de Partis nationalistes[74] tous ayant eu la même idéologie du lumumbisme c'est-à-dire la décolonisation totale du Congo et l'unité du pays. Devenus tous des leaders au sein de ce mouvement insurrectionnel, ils ne pouvaient nullement se désolidariser d'eux ; bien au contraire, les soutenir dans la lutte contre les différents « conservateurs du colonialisme » ;
- Entrer en possession de quelques biens matériels par le truchement du pillage ou d'extorsions ;
- Venger les querelles familiales, claniques, ou inter claniques.

2.8. De l'administration

Nous avons surtout assisté à la résurgence du M.N.C/Lumumba après un long moment de disparition ou mieux d'éviction au Maniema. Le personnel d'avant la rébellion avait connu un changement total à tous les niveaux dont le rôle celui de contrôler les prix à la perception de certaines amendes, à la distribution et au contrôle de laisser-passer, à la diffusion de communiqués émanant de l'APL ; ces fonctionnaires étaient des « Simba civils » c'est-à-dire ne pouvaient pas participer aux combats[75]. Il convient d'ajouter à ceci, le recrutement de Simba, d'assurer leur ravitaillement[76] de dénoncer les suspects et livrer des informations politiques et militaires. Partout étaient érigées des barrières pour des raisons

---

[74] Cfr. Supra. Prélude à la rébellion.

[75] VERHAEGEN, B.; *Op. Cit.* Pp. 326-329.

[76] Il provenait essentiellement de la population civile. La nourriture était préparée par des filles vierges et les Mamans ayant atteint la ménopause.

susmentionnées. De Kimwanga à Kasongo via Kaparangao : Kimwanga, Tambwe Tchanga, Kaparangao ;Kunda, Mwanga, Kipaka, Mobanga, pour ne citer que celles-là[77].

2.9. L'attitude de Simba vis-à-vis de la population et leurs Contradictions

Au début ils étaient considérés et se faisaient passer pour libérateurs de la population qui avait enduré tant de souffrances de 1960 à 1964 ; cette attitude avait justifié la raison qui poussait les civils à indexer les militaires, les membres du P.N.P, les fonctionnaires, auprès des éléments de l'A.P.L. Ainsi, le peuple se rangea-t-il unanimement à la cause rebelle du moins de la période allant de la mi-juillet à la mi-août. Chaque samedi, chaque village devait fournir des vivres aux Simba.

Plutôt que d'instaurer la paix, d'après leurs harangues, ils se mirent à exiger de la population de grosses sommes d'argent ; des chèvres, canards et poules étaient ravis. Bien plus, ils s'adonnaient à des arrestations arbitraires des innocents qui subissaient des tortures corporelles. Tous les espoirs placés en eux disparaissaient lentement et sûrement. Le massacre des innocents sema du désarroi chez les masses populaires qui rejoignaient de ce fait tout le temps la forêt, afin de se soustraire aux diverses exactions de Simba devenu furieux sous l'effet néfaste du chanvre. La vie s'était profondément détériorée :

- L'agriculture de subsistance avait supplanté celle dite « cultures de rapport »[78]. Ces dernières permettaient, après-vente, d'entrer en possession des habits, vêtements, houes, machettes, savon et sel industriel, ustensiles culinaires, etc ;
- Les produits de première nécessité faisaient totalement défaut ; les centres commerciaux étaient pillés ou incendiés par des Simba : Kunda, Kipaka, Mobanga et Karomo ;
- Le retour au portage de leurs bagages, d'un village à l'autre, par des civils suite au manque de véhicules à moteur ou à la carence des pièces de rechange et carburant ;
- La carence totale en sel de cuisine entraine la fabrication du sel traditionnel au goût acidulé ou encore l'assaisonnement de mets par une grande quantité de tomates[79]
- La population s'abritait en forêt sous des huttes faites de branchages et couvertes des feuilles sauvages. Elle souffrait de forte chaleur et précipitations ;
- Le retour en force de maladies telles la variole, la rougeole, la gale, le pian… toutes traitées traditionnellement avec leur cohorte de décès ;

---

[77] Cette situation reviendra lors de la répression de l'A.N.C.

[78] Coton et Paddy achetaient et traitaient industriellement, respectivement à Samba et à Kunda

[79] Toute personne surprise en train de consommer du sel industriel était ipso facto dénoncé comme « ami » des Américains et vouée à des tortures ou à la mort.

- L'apparition de poux blancs surnommés « chinois » dans quelques habits que l'on pouvait encore porter ;
- Le mariage coutumier accompagné de sons mélodieux de l'accordéon et tambour disparut ;
- La sous-alimentation, soutenue par le marasme et le Kwashiorkor se déclara ;
- Les cultes religieux avaient disparu.

Malgré ce tableau combien sombre, les gens effectuaient des déplacements dans le cadre ou contexte de voyages ou visites à des parents. Quant à l'enseignement, le visage général fut celui-ci : « plusieurs moniteurs et chefs d'établissements assassinés sauvagement. En juillet-août 1964, 11paroisses sur les 14 furent complètement évacuées, tous les établissements scolaires abandonnés. Les infrastructures de santé pillées de même que les paroisses[80]. Les enfants scolarisables ou scolarisés furent empêchés d'entreprendre ou de poursuivre leurs études. Tout ce qui avait été promis ne connut pas de concrétisation. La rébellion intervint au moment où nous venions d'achever la quatrième primaire. Les rebelles essayèrent d'organiser l'année scolaire 1964-1965, elle ne fut pas reconnue par le gouvernement central. Qui devaient enseigner alors que les enseignants faisaient l'objet de véritable chasse à l'homme et d'où proviendraient la rémunération ? Pour résumer ce second point, nous affirmons qu'en changeant d'attitude vis-à-vis de la population la rébellion connut son second moment dialectique. Au lieu de la sécuriser en lui améliorant les conditions d'existence matérielle elle se mit à la malmener.

En choisissant ce sujet nous n'avions nulle intention de rédiger une quelconque monographie ou encore écrire une histoire événementielle de la rébellion de 1964 dans ce secteur. Notre préoccupation n'était autre que d'en exposer les particularités. Avant d'aborder le dernier point nous soutenons que les principaux acteurs et secondaires de ce mouvement étaient les natifs du même Secteur. Aussi, passons-nous à présent aux incidences ou conséquences telles vécues dans cet espace.

2. Les incidences de la rébellion muleliste dans le Secteur

Au cours de ce troisième point nous traiterons tour à tour de la répression de l'Armée Nationale Congolaise et ses conséquences du phénomène Kamawaya comme un camp de résistance. La répression ayant ainsi été le troisième moment dialectique de cette étude.

3.1. La répression de l'Armée Nationale Congolaise.

[80] KABOY RUBONEKA, T. ; *Bref historique du Diocèse de Kasongo,* Kivu-presse, Bukavu, janvier 2003, p.14.
La paroisse Saint-Clément de Kipaka fut systématiquement pillée et saccagée par les Simba en juillet 1964. Même des civils de la place se saisirent de cette aubaine pour entrer en possession de tel ou tel bien matériel.

Pour mieux comprendre son histoire effectuons un pas en arrière sur celle du pays dont l'APL occupait presque les 2/3 du territoire national. En vue d'éradiquer ce mouvement, Moïse Tshombe fut nommé à la primature par le Président Joseph Kasa-vubu après démission du gouvernement Adoula en fin juin 1964. Tshombe fit rappeler les anciens gendarmes katangais et mercenaires blancs[81] qui allaient combattre aux côtés de troupes réguliers. La répression de l'A.N.C dans la contrée de Kasongo avait débuté en mai 1965 après la chute de Kindu. Par mesures d'ordre sécuritaire, il fallait prévoir ou envisager des étapes. Ces dernières se présentèrent ainsi :

- Kindu-Kayuyu-Kampene ;
- Kampene-Kaparangao-Kunda ;
- Kunda- Kipaka ;
- Kipaka- Kasongo.

Le 02 mars 1965, l'ANC en provenance de Kindu occupa Kampene qui était l'un de principaux Etats-Majors de l'APL au Maniema. Lors de sa progression vers Kaparangao, toute la population se réfugia en forêt par crainte d'être tuée par des militaires qui ne pouvaient nullement distinguer qui étaient rebelles ou pas. A Kimwanga, village proche de Kampene ils durent affronter les Simba qui perdirent un grand nombre dans leur rang. Un jour après un camion bondé de Mulelistes venus de Kasongo pour Kampene tomba dans une embuscade à Kaparangao dont le résultat aucun rescapé du côté des insurgés. Kunda situé à dix kilomètres du village naguère cité, constitua un Etat-Major en vue de superviser les opérations dans l'Uzimba, de mai 1965 à mars 1967. D'ici ils attendirent un moment en vue de renforcer le stock en armes et munitions avant de conquérir Kipaka qui le 08 mai tomba entre les mains de l'ANC.

La plus grande résistance qu'avait vécue l'ANC pour libérer Kasongo, fut celle de Kayeye ! « le 18 mai, après un combat très dur à Kayeye sur la route Kindu-Kasongo la cité de Kasongo est reprise par un contingent de mercenaires accompagnés de commandos de l'ANC, il y aurait eu dix tués et douze blessés »[82] A peine cette reprise les rebelles brûlèrent le pont de la Kunda afin d'isoler les troupes de l'ANC. Cependant grâce à la bravoure de commandos la liaison Kasongo-Kipaka reprit. De janvier 1966 à mars 1967 les troupes de l'ANC pour notre Secteur se trouvaient dans ses principales localités dont Kunda, Kipaka, Mobanga ;Karomo, en vue d'assurer la sécurité de la population civile qui sortait de la

---

[81] Ceux qui avaient aidé Tshombé pendant la sécession du Katanga de juillet 1960 à janvier 1963. A part ceux-là, d'autres furent recrutés pour la cause.

[82] CRISP, Congo, 1965, Pp.136-194. Le plus grand artisan de cette résistance fut Muhoya un commando Zimba De Amba ayant rejoint la rébellion.

brousse et aussi parer aux attaques de Mulélistes qui recouraient désormais à la tactique de guérilla, aux petites heures matinales, mais sans succès. Malgré cela, l'ANC volait de victoire en victoire car moralement soutenue par la population qui sortait de la forêt pour signifier au gouvernement central qu'elle ne voulait plus de la rébellion.

3.2. La durée réalité de la répression

Voici alors le troisième moment dialectique de cette rébellion dans le Secteur de Wazimba-wa-Maringa. Les populations de Langilwa, Itchima, Katcha furent les premières à sortir massivement de la forêt grâce à la sensibilisation de leurs chefs respectifs, puis de celle de Mumba. Les autres avaient suivi par après. Les militaires venus à la reconquête de cet espace ayant **été pour la grande majorité, non originaires de la contrée ne pouvaient qu'être animé de l'esprit** de conquête. Cette dure réalité avait commencé avec la sortie de la population de la forêt. D'une manière générale, ils s'illustraient par des actes de brutalités tels, arracher des femmes de civils en exécutant les maris, tuer des chèvres ou exiger des cadeaux en nature. Aussi, à la brutalité de Simba succédait celle de soldats à l'endroit de civils. De mars à mai 1965, le colonel Benezeth Kabingwa chargé de diriger les opérations militaires dans l'Uzimba, comme il en était originaire, convertit hélas cette mission en celle de vengeance personnelle !

A titre de rappel, sa famille fut systématiquement pillée et ses frères Jean Kaitenge et Amuri, tués. Les populations de Langilwa, Katcha et Mumba furent les plus visées par lui car elles furent premières à regagner les villages. Le colonel demandait à chaque notable de lui indiquer tous ceux qui avaient participé à la rébellion et surtout au pillage de sa famille. Tous ceux qui furent indexés subirent la mort de diverses façons au pont de la rivière Kunda[83]. La présence et la vengeance du Colonel augmentèrent le nombre de victimes chez les Wazimba à celui de personnes tombées sous la répression rebelle. Après le rappel urgent du colonel à Léopoldville en fin mai, des sorties massives avaient eu lieu dans tout l'Uzimba. Le nombre de personnes tuées par lui auraient atteint quatre cents car les exécutions étaient quotidiennes.

3.3. Les retombées socio-économiques de la répression

Après la dure réalité de la répression à ses débuts, l'on avait assisté aux faits mieux repris ci-dessous :

- La fraternisation entre les civils et les militaires. En milieux ruraux les soldats de l'ANC s'adonnaient à la chasse aux singes dont la consommation autrefois moindre

[83] Celui se trouvant entre le village de Kunda et celui de Baya vers Mingana.

se généralisait. Les civils cessaient de voir en militaires des oppresseurs mais désormais des frères ;

- La répression avait permis l'expansion du lingala alors que celui-ci passait pour une langue des oppresseurs ;
- L'apparition d'un phénomène jusque-là inconnu dans la région, celui de la prostitution qui se pratiquait en cachette en milieu fortement islamisé. La présence de soldats fit que les femmes célibataires ou mariées devinrent au vu et au su de tout le monde des amantes de ceux-là, afin d'obtenir de l'argent, du savon, du sol, des boîtes de conserves et pièces d'étoffes ;
- L'enseignement reprit dès septembre 1965. Les enseignants de droit et de fait, après ce passage à vide que fut cette rébellion pour eux, avaient été rappelés pour trois mois[84]
- L'érection des barrières pour contrôler les déplacements de gens : Kunda-Amba Kika- Mobanga- Kyamishundu, toutes dotées de radiophonie ;
- Les missionnaires catholiques qui avaient précipitamment quitté leurs postes de mission sont revenus pour continuer leur apostolat[85]
- La répression permit au gens de se déplacer d'un milieu à l'autre, en se ceignant la partie supérieure de la tête d'un ruban blanc en signe de rejet total de la rébellion ;
- Un vaste programme fut mis sur pied afin de fournir de l'aide en médicaments, vêtements, savons, biscuits, boîtes de conserve, poisson salé ;
- L'arrestation de présidents de comité sectionnaires du MNC/Lumumba et les simba signalés aux militaires de l'ANC par la population civile ;
- Le commerce local reprit après pacification complète de la route Kasongo-Kaparangao-Kindu ; route sur laquelle Musimbi Stanislas, grand chef rebelle de la souche lega s'attaquait aux véhicules de l'ANC. C'est ainsi que se rouvrirent les centres commerciaux de Kasongo-Kipaka-Mobanga- Kunda-Karomo. Ceux qui y tenaient boutiques se rendaient à Kindu à bord de ces véhicules ;
- Le service administratif fut réorganisé tant au niveau du territoire de Kasongo qu'à celui de chefferies et secteurs. Le nôtre ayant perdu Kapepa Revocato vit à sa tête Mubangu Florien de la même famille que le disparu ;

[84] Notre papa, WASIA Paul Gaston se rendit à Kindu d'où il ramena des habits pour sa maisonnée et d'autres articles que l'on ne voyait plus.

[85] La mission Catholique de Kipaka dans le Maringa avait été systématiquement pillée à l'avènement de la rébellion, tous les bâtiments réduits en très mauvais état. Aussi, les prêtres devaient-ils momentanémen résider à Kampene (Biunkutu) mais venaient administrer les sacrements au sein de leur juridiction, du moins sur la grand-route d'abord. Après réhabilitation complète de bâtiments ils regagnèrent Kipaka.

- La reconstruction du chef-lieu du secteur pour les anciens simba sous contrôle de soldats de l'ANC ;
- De nombreux Wazimba partirent avec les leurs pour Albertville[86] sans espoir de regagner leur terroir. D'autres regagnèrent Kindu ou sur le rail Kindu-samba où ils s'adonnaient à la culture du manioc, du riz, de l'arachide, du maïs, de la banane, dont les récoltes inondaient les marchés de Kindu, d'Albertville et après, ceux d'Elisabethville [87]. Ces départs avaient reposé sur plusieurs motifs : souci de vivre en des lieux plus sécurisés ou éviter des poursuites éventuelles dans l'avenir suite aux maux commis sur les innocents lors de la rébellion
- La persistance des rancunes, claniques, inter-claniques ou inter-groupements dont l'une des conséquences, l'interdiction de mariages.

Cette répression prit totalement fin grâce au régime Mobutu.

3.4. Le phénomène Kamawaya

Tel du côté de Fizi où s'était constitué un maquis connu sons le nom d'Hewa Bora', le secteur de Wazimba-wa-Maringa vécut un phénomène qui présentait des similitudes mais aussi des différences. Le nom Kamawaya n'est autre que celui d'un ruisseau à plusieurs sources en pleine forêt de Saidi dans le Mwinga/Maringa. Dès l'avènement de la rébellion en juillet 1964, la famille régnante convia toute la population à rejoindre sans condition ce lieu situé à plus ou moins sept Kilomètres du village. S'étant présenté comme un lieu de refuge très sûr, un campement de cases en pisé y fut aménagé. Il s'y tenait même un marché entre les natifs de Saidi et ceux de Bakari. Y étaient vendus ; du manioc, du sel et autres denrées. Ce fut là que vivaient les cruels chefs rebelles Iyao alias Kabango, natif de Saidi, Mumba Joseph de Kangombe/Saidi et Mwepa de Bakari/Mulu

Ces trois Majors et leurs combattants s'illustraient en toutes sortes de cruautés. A titre d'exemple, quand quelqu'un commettait une faute grave, on lui coupait les oreilles qu'on lui faisait manger. Pour y accéder il fallait franchir de nombreuses barrières érigées sur le sentier. Tout suspect capturé était soit tué ou cruellement torturé publiquement. Les enfants y mouraient de variole, rougeole, etc., et même les adultes mais tous inhumés au cimetière derrière le village. Le mariage coutumier célébré autrefois avec faste avait disparu, de même que les différents cultes. Si Kamawaya avait été ciblé par la famille régnante de Saidi c'était parce que dans le Mwinga les grands guerriers qui se distinguaient par la bravoure aux combats depuis des temps immémoriaux y appartenaient et en outre il leur

[86] L'actuelle ville de Kalemie.
[87] L'actuelle ville de Lubumbashi.

était reconnu des pratiques occultes de très haut niveau Kamawaya servait à la fois de lieu de refuge et de stockage de butin de guerre (armes, bien matériels pillés) arraché de PNP (petits commerçants, enseignants et fonctionnaires de l'Etat. Les combattants de l'APL se rendaient chaque fois chez les lega de Kitangi d'où ils ramenaient du butin après avoir laissé derrière eux de nombreux tués[88].

A l'avènement de la répression, les rebelles de ce campement ne voulaient pas que la population regagnât Karomo où se trouvaient de nombreux soldats suite à ce grand campement rebelle. Sous le règne de Mobutu les natifs de Saidi qui y vivaient descendirent à Karomo. Les simba quant à eux ne le voulaient pas par crainte de représailles relatives aux cruautés commises. Il avait fallu du temps aux gens de Saidi pour regagner leur village et reprendre leurs activités de routine. La différence avec « Hewa Bora » fut que Kamawaya n'était pas un lieu de formation de maquisards.

Conclusion

Parvenu au terme de cette modeste étude donnons-en une synthèse. Notre préoccupation de prime abord, était de présenter la rébellion de Simba mulelistes dans le Secteur de Wazimba-wa-Maringa. Cette étude nous a permis de dégager trois grands moments dialectiques à savoir le déclenchement de la Rébellion du CNL/Gbenye en tant que négation du gouvernement central par les nationalistes lumumbistes et l'occupation de tout l'Est du pays, le second moment fut celui où les Simba qui au départ se faisaient passer pour libérateurs du peuple s'étaient mis à malmener arbitrairement celui-ci et enfin le troisième fut la répression de ce mouvement insurrectionnel par l'A.N.C. La dialectique nous a montré sans doute qu'elle fait avancer les sociétés humaines. Cet humble travail croyons-nous vient à suffisance de le démontrer. C'est là d'ailleurs notre contribution aux études de nos prédécesseurs.

Malgré les failles liées à cette rébellion, nous nous réservons, en tant qu'historien d'émettre un quelconque jugement tel nos différents informateurs. Nous reconnaissons le mérite à ces insurgés d'avoir forgé un concept d'unité puisque plusieurs ethnies de l'Est y prirent part pour défendre une cause commune à savoir, l'unité du pays laquelle sera concrétisée sous la houlette du Haut-Commandement militaire avec la deuxième République. Si ce mouvement n'avait point atteint son objectif ce fut par manque d'endoctrinement de masses rurales, de coopération et de coordination entre combattants et le peuple, d'armement, d'équipement pour une guerre révolutionnaire. Enfin, nous sommes convaincus d'avoir respecté le point de départ en démontrant que chaque région connut sa

[88] C'est la source du conflit persistant entre Zimba et Lega de Kitangi jusqu'aujourd'hui.

rébellion relative à ses réalités socio-politico-économiques propres. Si nous avons adopté comme terminus ad quem l'année 1968, MILAMBO Raphaël continuait à opposer une farouche résistance dans l'Itchima[89] pour finir par se rendre à l'A.N.C.

Bibliographie

1. C.R.I.S.P., *Congo 1962,* Bruxelles, C.R.I.S.P, 1963.
2. C.R.I.S.P., Congo 1965, Bruxelles, C.R.I.S.P., 1964.
3. C.R.I.S.P., *Congo 1965,* Bruxelles, C.I.S.P., 1965.
4. LUHAKA, D. ; *Cours d'Histoire du Zaïre Moderne et Indépendant,* 2e licence Histoire, UNILU, 1986, inédit.
5. ITONGWA MWANGA, L. ; *Le complément des Sciences sociales*, cours dispensé en G3Histoire SS, ISP-KINDU, 2012, inédit.
6. KABOY RUBONEKA, T., *Bref historique du Diocèse de Kasongo*, Kivu-Presses, Bukavu, Janvier 2003.
7. KINGHOMBE KANGHONDO, C. ; *Essai de compréhension sur la problématique de la société chez KARL MARX,* Travail de fin de cycle de philosophie, Grand Séminaire Mgr CLEIRE, Kasongo, 1995, inédit.
8. LEFEBVRE, H. ; *Le Matérialisme dialectique*, Paris, Presses Universités de France, 1971.
9. NDAYWEL è NZIEM, I. ; *Nouvelle Histoire du Congo, Des origines à la République Démocratique,* Africa, Edition Kinshasa, 2008.
10. N'SANDA BULELI, A. ; *Cours de critique historique,* G2 Histoire –SS et GP, ISP-Kasongo, 2014, inédit
11. VERHAEGEN, B., *Rébellions au Congo,* Tome II, Maniema,Lovanium I. R.E.S.-I.N.E.P. Kinshasa, 1969.

WASSIA FERUZI Clément

Assistant 1

Histoire-Sciences Sociales &

Gestion du Patrimoine

ISP-KASONGO

[89] L'Itchima est aujourd'hui l'un des groupements qui composent le secteur de Wazimba-wa-Maringa dont le chef-lieu est Tambwe-Tchanga.

LA PARTICIPATION DE CERTAINS ZIMBA (BINJA) A L'INITIATIONAU BWAMI DES BALEGA
CAS DU GROUPEMENT LANGILWA SECTEUR DE WAZIMBA-WA-MARINGA

RESUME

Dans cette réflexion, nous nous proposons de relever quelques traits caractéristiques de la tribu « Binja » (Zimba). Ce panorama culturel que nous envisageons exposer passera en revue le phénomène Bwami en faisant allusion à ses origines (principes), sa compréhension culturelle et sa considération actuelle par rapport à la marche du monde et aux mutations culturelles en cours. Il sera en effet question de montrer le passage de la pratique du Bwami chez les Balega jusque chez les Wazimba-wa-Miringa dans ke Groupement de Langilwa.

I. Introduction

Il n'existe pas d'objet de recherche sans la curiosité du chercheur. En général plusieurs motivations sous-tendent son choix : intérêt personnel, curiosité, participation à une recherche commune, etc. La formulation de notre sujet repose sur le fait que nous ne sommes jamais tombé sur une quelconque monographie relative au secteur susmentionné ni encore un article qui traite de façon particulière la culture binja. Les différents rapports annuels du Bureau de ce secteur transmis à celui du territoire de Kasongo n'y ont jamais fait allusion. La structure ou articulation de l'exposé, à part l'introduction, comprendra les généralités, l'institution Bwami, la pénétration du Bwami chez les Binja dans le Groupement Langilwa, le tableau comparatif entre le Bwami chez les Balega et chez ces Bija. Une conclusion servira de synthèse à cette étude.

Cette recherche en effet, sera axée sur l'approche comparative ou analogique dont le champ d'action présente des situations de similitude dans des conditions similaires avec pour mode opératoire de mettre face à face deux ou plusieurs faits, facteurs, événements, situations dynamiques apparemment semblables dans lesquels il faut dégager les analogies et les différences[90].

1. Généralité

1.1. Définition des concepts clés

a. ***Participation*** : action de participer à quelque chose ; collaboration, concours[91]
b. ***Initiation*** : admission à une religion, un culte, dans une société secrète, à un état social particulier ; introduction à la connaissance de choses secrètes, cachées, difficiles[92]

---

[90] N'SANDA BULELI, L. ; *Cours de critique historique,* G2 Histoire, Inédit, ISP-KASONGO, 2013-2014.
[91]D. FIRMIN, *Dictionnaire le Robert,* Paris XIe, 1979, p.1365.
[92] .Idem p.1004

c. ***Bwami*** : association politico-religieuse volontaire construite sur un système hiérarchique de degrés au nombre de quatre
institution ou école initiatique cyclique permettant le passage de l'enfant à l'âge adulte[93] éventail de rites d'initiation institutionnalisée correspondant à une série de titres accessibles dans un ordre fixe depuis le premier échelon ou rang jusqu'au dernier[94] :institution ou sorte de loi pour diriger une famille, le village[95].

d. ***Binja*** : dénomination authentique de la tribu communément appelée « Zimba ». Elle est la plus prolifique du Territoire de Kasongo. Les Binja, en tant que population, sont répartis en deux secteurs : les Wazimba-wa-Maringa et wazimba-wa-Mulu. Ils forment deux entités décentralisées et subdivisées en groupements. Ceux dont il s'agit ici s'appellent selon Meeussen « Binja sud » pour les distinguer de wasongola orientaux ou « Binja Nord »[96].

e. ***Secteur de Maringa*** : subdivision administrative du territoire de Kasongo. En lui-même le secteur est un ensemble généralement hétérogène des communautés traditionnelles indépendantes organisées par la coutume. Il a à sa tête un chef élu. Ce secteur situé au nord du territoire fut créé en 1936 en référence au décret du 5 décembre 1933. Les Wazimba étaient divisés en grand nombre de clans sans relation politiques stables entre eux. La dispersion du pouvoir était extrême. Ce Secteur est issu de la fusion des anciennes chefferies indigènes, par le décret-loi du 23/12/1936[97].
Le secteur de Maringa englobe les Binja d'en aval'' si l'on se réfère à sa localisation spatiale vis-à-vis du cours de la rivière Kunda.

f) ***Groupement*** : ce concept en République Démocratique du Congo se trouve mentionné dans la loi-organique n°08/06 du 07 octobre 2008. Il signifie alors une subdivision administrative d'un secteur ou d'une chefferie dans un Territoire, au sein d'une Province. Il est jusqu'ici une entité décentrée chapeautée par un chef de groupement[98]. Ce groupement est formé des villages Kaparangao, Ngoma, Kilindila, Katambwe, Kingombe et Famba.

---

[93] T. ISIMBA KHOTTA, *Le peuple lega : son origine, ses migrations et l'impact de ses institutions traditionnelles, thèse de doctorat,* volume II Université de Paris Sorbonne, Paris IV, 1990, pp.191-335

[94] L. NDAYWEL à NZIEM, *Nouvelle histoire du Congo des origines à la République Démocratique MRAC,* Tervuren, 2009, p.190.

[95]Le village constitue l'unité politique de base.

[96]MEEUSEN, cité par B. VERHAEGEN, *Rébellions au Congo,* Maniema Tome II, I.R.E.S. Lovanium,Kinshasa, 1969,pp14-15

[97] G. SUDI KAKUNGA, *Rapport annuel Secteur des Maringa*, Kipaka, 2015, pp.2-3.

[98] KIBAMBA TUBONGE, *Problématique de Conflit du Pouvoir coutumier cas du groupement Ngenda dans le Secteur des Maringa (1914-2014)*, TFC Histoire SS et GP, ISP-KASONGO, 2015, inédit, p.6.

g) ***Langilwa*** : Nom de l'un des groupements constituant le secteur de Wazimba-wa-Maringa. Du point de vue étymologique, il découle de « Langi-lya-Bombo-lya-Ilangi Mwange Kasenga ». Celui-ci est considéré comme ancêtre éponyme. Il avait engendré trois fils, à savoir, Kyambo, Losomba et Motesa, dont descendent les populations qui habitent cet espace[99].

1.2. Présentation géographique

1.2.1. Localisation et délimitation

Le groupement Langilwa est situé dans le secteur de Wazimba-wa-Maringa, à la limite nord du Territoire de Kasongo avec le Secteur de Wakabango II du territoire de Pangi. Il est limité:

- Au Nord par : le Secteur de Wakabango II,
- Au Sud par : le groupement Kipaka-Mumba ;
- A l'Est par : le secteur de Wazimba-wa-Mulu
- A l'Ouest par : le secteur de Wakabango II

1.2.2 Climat, végétation, faune, hydrographie et relief

a)Climat

Le groupement de Langilwa jouit d'un climat tropical humide. Il est caractérisé par deux grandes saisons : ma saison sèche et la saison des pluies. La saison sèche, en effet, commence à partir du mois d mai jusqu'au mois d'Août, soit quatre mois. Et la saison des pluies commence dès le début du mois de Septembre et va jusqu'à la fin du mois d'Avril (soit 8 mois des pluies au cours de l'année).

b) Végétation

La présence d'une longue période des pluies rend possible la croissance des plantes et des arbres. Notons, certes, que la forêt tropicale couvre plus de quatre-vingt-dix-neuf pour cent de l'étendue du groupement de Langilwa.

c) faune

Plusieurs espèces, animales et d'oiseaux vivent dans la forêt : les sangliers, antilopes, singes, pangolins, mangoustes zébrées, hyènes, civettes, porcs-épics, rats de Gambie, écureuils, céphalophes, les marmottes, serpents, etc. Les oiseaux, tels les éperviers, hiboux, chouettes, calaos, grues couronnées, gallinacés[100], perroquets, pigeons et canards sauvages, pour ne citer que ceux-là, y vivent également, les hirondelles, en savane.

---

[99] Au nord du territoire de Kasongo.

[100] Oiseaux dont la morphologie se rapproche plus à celle de poules : cailles, pintades, etc.

Le monde des insectes comprend les fourmis noires, rouges, les termites, mouches ordinaires et tsé-tsé, les moustiques, mouches maçons libellules, mouches, papillons et autres.

d. Hydrographie

Du point de vue hydrographique, nous pouvons noter que ce groupement nest traversé par des nombreux cours d'eaux, dont les importants sont :

- Kunda, Lumuna, Mobonje, Lwangya ou Méondomeondo, Moséka, Kaibomba, Katutuma, Nyanga, Kya-Meseka, Bibuma, etc. Ces cours d'eaux et plus particulièrement la rivière Kunda servent de la pèche aux populations rivéraines (groupement Itchina et Langilwa) vue la quantité importantes des poissons qu'ils regorgent.

e)Relief

Le Groupement Langilwa n'a pas un relief très accidenté car il est surtout dominé par un plateau et quelques collines telles « Kalindi » ou « Kaende » à Kaparangao, « Ngɛ́ngɛ́ » à Kingombe et « Bwǎneka » à Mutesa/Famba. Le sol est de type argilo-sablonneux se prêtant sans difficultés à des cultures vivrières, telles, le manioc, le maïs, l'arachide, la patate douce, les ignames, les légumes amers, et cultures industrielles, telles le paddy, le coton, etc. Ajouter à celles-là les courges dont les feuilles d'une variété sont consommées sous forme de légumes. Ayant ainsi présenté les généralités relatives à notre milieu d'étude nous abordons le second point qui concerne le « Bwami » en tant qu'institution.

2. Le Bwami ou l'institution Bwami

Nous ne pouvons nullement parler du Bwami en détails vue la complexité et la grandeur de la question. En tant qu'institution, celle-ci est synonyme d'une chose instituée, c'est-à-dire établie ou fondée, instaurée d'une manière durable. Le Bwami, en effet, est une association politico-religieuse volontaire construite sur un système hiérarchique de degrés au nombre de quatre. Il est comme institution ou école initiatique traditionnelle cyclique[101].

L'origine du Bwami est difficile à situer précisément par rapport à la ligne du temps. Cependant, nous connaissons que ce phénomène existe depuis les temps les plus anciens chez les lega.Tel qu'on le voit nous pouvons affirmer qu'il n'a aucune relation avec des religions révélées, telles le Christianisme et l'Islam. Il est né et évolué dans le Bulega en se circonscrivant en un cadre exclusivement traditionnel. Il préside l'institution initiatique du Bwami ou dure épreuve en vue d'acquérir un savoir ou une connaissance jusqu'alors

---

[101] ISIMBA KHOTTA, T. ; *Le peuple lega : son origine, ses migrations et l'impact de ses institutions traditionnelles*, Thèse de Doctorat, volume II, Université de Paris Sorbonne Paris IV, 1990, pp. 191-335.

inconnues, l'opération de la circoncision ou le passage de l'enfant à l'âge adulte[102]. Le Bwami en tant que véritable superstructure permet d'affermir des relations à l'intérieur des lignages et des clans, grades et titres pleins de prestige. Il est considéré également comme une association forte hiérarchisée où chaque grade ou titre du Mwami désigne le nom d'un animal dont la peau sert à la fabrication de la calotte dont se coiffe le titulaire. C'est en outre une société secrète qui impose aux candidats une série d'épreuves à surmonter avant d'accéder à la hiérarchie suprême[103].

Le Bwami est une institution purement et typiquement lega. Il est appelé « institution » car étant une organisation juridique, ayant un code qui détermine le droit et les obligations. Il poursuit un but philosophique, économique, pacificateur et politique. Il est :

- Philosophique en tant qu'éthique car il constitue une éthique c'est-à-dire recherche de la maîtrise du bien, de l'excellence morale et spirituelle. L'on ne peut jamais accéder au Bwami si l'on ne jouit pas d'un bon caractère au sein de la communauté. Bien plus, il est un système de mode éducative et gardien de tradition, il est la porte et le fondement pour le déroulement de toute la vie et l'accès aux dignités ;
- Economique : pour devenir Mwami il faut payer des biens et cela d'un grade à un autre. En payant l'on perd, avec espoir de gagner plus, une fois investi. Il permet l'accumulation de richesses grâce à cette dignité ;
- Pacificateur : il affermit des relations à l'intérieur des lignages et clans ;
- Politique : étant qu'une organisation juridique, ayant un code qui détermine les droits et les obligations[104] c'est une association socio-politique ou mieux c'est l'institution politique centrale du Bulega.
- Il est une politique hiérarchisée transcendant les groupes locaux. En d'autres termes, nous pouvons soutenir que grâce à l'acquisition de nombreuses connaissances par le truchement des initiations[105] l'on exerce de l'ascendance sur tous les autres membres de la communauté.

2.1. Les exigences pour accéder au Bwami

L'accession au Bwami exige les conditions suivantes:

- Etre avant tout « Mobaké » ou dignitaire, une personne intouchable portant une sorte de jupe en raphia. Etre un initié ;

[102] NDAYWEL è NZIEM, I., *Histoire générale du Congo de l'âge ancien à la République Démocratique, MRAC*, Tervuren, p.190, pp.369-377
[103] ISIMBA KHOTTA, T., *Op. Cit.* Pp.370-372.
[104] Selon qu'on passé d'un degré à un autre, elles constituent une norme.
[105] Nous en parlerons au point « Initiation ».

- Faire preuve d'un bon comportement au sein du clan c'est-à-dire être jugé de sage par la famille ou le village, puis être résistant et capable de surmonter les dures épreuves de la vie;
- Ne pas appartenir aux clans constitués de descendants d'esclaves. D'où seul le « Mwana Tiki » c'est-à-dire littéralement « enfant propre, pur » est autorisé d'y accéder, puisque l'on peut aisément connaître l'arbre généalogique, tant du côté paternel que maternel, en remontant plus ou moins à dix générations. Si le Bwami ne peut pas être accordé à quiconque serait issu des esclaves, la raison majeure est celle-ci : étant, dans son essence, une institution ésotérique ou à coloration magico-religieuse, une fois que celui-ci en connaîtrait les secrets et surtout s'il parvenait un jour à retourner dans son milieu d'origine, il pourrait mettre à nu les secrets de ce phénomène ;
- Etre capable de payer les obligations ou exigences afin de devenir responsable de « Mosembé wé Bwalé »[106]

Tel signalé précédemment, le Bwami en tant qu'institution connaît des degrés. C'est pourquoi, pour passer d'un degré à un autre il est recommandé de payer des biens. Aussi, allons-nous à présent parler de ces différents degrés et des exigences y afférentes :

1er degré : « Kakosa ka Bwămé »

- Insignes : un bracelet obtenu à partir de fibre tirée de l'écorce d'une liane appelé en kibinja « Ngosa » dont la rugosité ressemble à celle du papier émeri. Ce bracelet est porté au poignet gauche, plus une calotte à peau de chèvre sans distinction de couleur ;
- Exigences d'avant l'investiture : trois chèvres, de l'encens, de l'huile de palme, du sel traditionnel auquel s'ajoute actuellement du sel de cuisine (chlorure de sodium), du tabac (feuilles séchées), du manioc, des bananes, etc;

2e degré : « Ngandó »

- Insigne : une calotte ornée de « Mibɛ́lá » ou cauris[107].
- Exigences : six chèvres plus les autres cités au premier degré ;

3e degré « Iyananio »

- Insigne : une calotte ornée de cauris, dents de léopard et perles ;
- Exigences : douze chèvres plus les autres énumérés au premier degré ;

---

[106] *Cauris, coquillage du groupe des parcellaires,* in, le ROBERT, Paris, 1979, p.267.

[107] A titre d'exemple l'investiture d'un Mwani appartenant à un degré inférieur

4e degré : « Kindi »

- Insigne : une calotte portant du poil de la colonne vertébrale de la chèvre, de cauris, un coquillage appelé « lokɛ́sɛ́ » au front
- Exigences : vingt chèvres plus tous les autres biens présentés au premier degré.

Le Bwami présente-t-il des avantages matériels et sociaux ?

Tout comme pour l'exercice de fonctions politiques, le Mwami jouit de quelques prérogatives :

- Quand quelqu'un est élu, il lui revient désormais des attributions entre autres, avant la cérémonie de l'initiation, c'est lui qui donne des instructions au cours d'une réunion qu'il convoque à l'intention de tous les chefs de clans, puis tout le village en vue de fixer la période de faire entrer au « Bwalé » ou circoncision rituelle, les néophytes communément appelés « Batɛ́ndɛ́ » ;
- L'acquisition de pouvoirs occultes, de biens reçus- en nature ou en espèces – au cours d'une cérémonie[108], de la caution payée par les néophytes à l'initiation[109] ;
- La responsabilité du Mosɛmbé wé Bwalé » au symbole même de l'initiation. Il s'agit de deux poteaux en bois appuyés contre une case et reliés par deux barres transversales. Il symbolise le pouvoir de l'institution du Bwalé ;
- Le Mwami est un dignitaire à la tête d'une entité où se déroule la cérémonie de circoncision rituelle.

2.2. De l'investiture du Mwami

L'investiture est synonyme de l'acte par lequel l'on revêt solennellement quelqu'un, d'un pouvoir, d'une dignité, par la remise symbolique d'un attribut. De manière obligatoire l'investiture est précédée de l'initiation. Celle-ci a lieu dans une case spéciale contenant en son sein un panier bien couvert duquel émane une sorte de gaz. Signalons que ce panier touche le faîte de ladite case. Un rat, un oiseau voire un insecte ne peut y passer dessus car l'unique sort n'est autre que la mort. Les cérémonies d'investiture du Mwami se déroulent au village-même dans un lieu choisis au préalable en secret par les initiateurs. Il est donc formellement interdit à quiconque de passer aux environs du lieu initiatiques au risque d'être victime des mauvais sorts. C'est pourquoi le Mwami préfère vivre en un lieu isolé, en retrait.

[108] Poules, chèvres et argent sont offerts au Mwami afin de lui permettre de fixer l'endroit où se trouveront les esprits mythiques du « Bwale ».

[109] Esotérique : incompréhensible pour quiconque n'appartient pas au cercle des initiés, in *Dictionnaire le ROBERT*, Paris, 1979, p.688.

Concernant le moment, elle peut se dérouler le jour mais dans la plupart du temps, la nuit au son de tam-tam car celui-ci revêt un caractère ésotérique[110]. Toutefois, les candidats destinés à l'investiture doivent, au préalable, être présenté le jour au public constitué d'hommes et de femmes. A titre de congratulation, ces derniers doivent lui offrir du riz, des poules, des œufs, de l'encens, des arachides...selon les possibilités de chacun. Lors de la cérémonie, les « Bikondé » c'est-à-dire parrains ou guides des néophytes, chantent et dansent. La nourriture est offerte aux personnes procédant à l'investiture ; à comprendre ici par le Mwami ou les Bami appartenant aux degrés supérieurs. Si cela se passe le jour, les femmes peuvent en observer le déroulement à distance, de même les passants[111].

Après ce petit détour sur l'institution Bwami, passons maintenant au troisième point traitant du Bwami dans le groupement Langilwa. Dans ce point, nous allons essayer de montrer historiquement, comment le phénomène Bwami a pénétré dans le groupement Langilwa et son évolution jusqu'à sa considération actuelle.

3. Pénétration du Bwami dans le Groupement Langilwa

Ce que nous appelons aujourd'hui « Langilwa » faisait autrefois partie d'un vaste ensemble appelé « Itshima ». Ceci est corroboré par la situation politico-administrative du Territoire de Kasongo en référence au décret du 02 mai 1910. Itshima était une chefferie parmi les vingt et dont le chef-lieu Tambwe-Tchanga. Dans les temps les plus reculés, avant l'arrivée de Blancs, il se produisait de fréquents affrontements entre Lega et Binja. Ces affrontements s'appelaient « Bitá byé mésongo né ngabo » Littéralement « combats au moyen d'arbres pointus ou lances et boucliers ». Pourtant ces deux tribus vivaient à proximités. Chaque fois que les Lega attaquaient par surprise les Binja, ceux-ci étaient massivement tués.

Lorsque les Binja à leur tour organisaient des expéditions contre leurs ennemis, tous les captifs lega étaient ipso facto réduits en esclaves. S'étant enfin rendus compte, de part et d'autre, de l'inutilité de ces incessants combats, vu des pertes en vies humaines, ils jugèrent bon d'y mettre fin en s'échangeant des filles ; ainsi naquirent des liens matrimoniaux. Un autre fait non moins important demeure, d'ailleurs jusqu'à ce jour ; l'exploitation d'une même forêt pour l'agriculture et la chasse, de même que la pêche dans les cours d'eau. Tout cela saute aux yeux vu la proximité de villages sur les axes ci-après :

- Kaparangao – kindu, l'Urega commence à quatre kilomètres ;

---

[110] Incompréhensible pour quiconque n'est pas initié.

[111] M. KAZUMBA, *L'impact des réformes politico-administratif territoriales sur la modernisation de l'administration dans la zone de Kasongo, 1966-1973,* Mémoire UNAZA, SPA, 1977, indédit, Pp16-18.

- Kaparangao – Kampene, l'Urega commence à vingt-cinq kilomètres de Kaparangao.

Au sein du Groupement faisant l'objet de cette étude, c'est le clan « Benye-Súngu » qui reçut le « Ngola » vocable lega qui englobe les forces de a nature spécialement celles habitants la forêt. Ce clan précité obtint un jour la visite de Balega de Kingombe en vue de l'initier au Bwami et ses suites, telle la cérémonie de circoncision rituelle. Une fois connu de ce clan, le Bwami accusa de l'expansion. De Benye –Sungu jusque Ngoma ou « Benye-sámbi », dans un premier temps, puis de Benye-Sungu à Benye-Tchúnga, d'ici jusque Byáre. Ces deux dernières cités appartiennent pourtant au Groupement Itchima.

Benye-Súngu est l'un de deux sous-ensembles du village Famba. Ce clan pour s'être scindé en deux dont une partie à Mutesa et l'autre à Lukéli connut ainsi deux Bami. Ajouter à ceux-ci, celui de Beye-Katéndé (Mutesa) de Benye-Ngéngé ou Benye-Tchunga et de Byáre.

De tous ces Bami, le plus grand restait celui de Benye-Súngu qui se relayait avec celui de Lukili. Une seconde expansion partit de Benye-Súngu à Benye-Lumembe » ; nous avons ici le regroupement de trois clans dont : Benye-Ngilila, Benye-Nyánga et Benye-Kábi. De tous, Ngèèlá fut le premier responsable du « Mosémbé wé Bwâlé ». les trois clans forment aujourd'hui le village Kingombe. Dans la suite nous avons les « Benye-Nyole » ou la fusion des clans ci-après : Benye Móngwe, Kyámá, Biyɛ́mbɛ́ et Mikalaba. Ce dernier a eu son sein le « Mosembé wé Bwâlé » Et enfin, citons les « Benye-Kyámbo » englobant trois villages ; Kilindila ou Bente-Mutóndo, Katámbwe ou Móango, Ngóma ou Benye-Sámbi. Pour ce dernier groupe le « Mosémbé wé Bwâlé » se retrouve à Ngóma.

Précisons, en effet, le Mwami ne peut, en aucun cas, connaître une déchéance dans l'exercice de ses fonctions, à moins qu'il commette un manquement très grave. Mais, dans la plupart du temps, cela se révèle très difficile, si pas impossible. Pourquoi ? Détenant des secrets à ne jamais dévoiler, on lui inflige des amendes.

Qu'advient-il- à la mort du Mwami ?

A la mort du Mwami, l'organisation des cérémonies funèbres est réservée aux seuls Bami. Toutefois, Si le défunt était d'un échelon inférieur, son inhumation s'effectue au cimetière du clan, au vu de tous. Si par contre, il appartenait à un degré supérieur, son enterrement a lieu dans le plus grand secret. Noter qu'à chaque décès d'un Mwami Kimbilikiti marque sa présence de par sa voix aigüe, sans se faire voir.

Ajoutons aussi que le Mwami de Langilwa se rend de temps en temps chez les Balega ou fait appel à eux (les Bami) pour tel ou tel cas, telle ou telle cérémonie. Le Mwami et ses assistants ont un conseil appelé « Mpala » dont quelques attributions : préparer la cérémonie de l'initiation et en fixer les diverses modalités.

3.1. La dignité du Mwami est-elle héréditaire ?

Dans le groupement de Langilwa, la dignité du Mwami révêt un caractère héréditaire. Cependant, il se remarque que chez les lega, le Bwami est considéré comme une association méritocratique et ouverte à tout homme remplissant les conditions requises pour accéder à ce poste. Ils considèrent que la dignité du Bwami ne peut pas être héréditaire. Elle résulte des mérites et de la compétence de chacun.

Tel annoncé au début de cette dissertation, le Bwami a permi ses points commun : l'Initiation qui en est le moment le plus important ; c'est pourquoi, nous devons en parler de manière détaillée.

3.2. Initiation

Par « initiation », nous sous-entendons l'idée d'une épreuve subie ou endurée en vue d'acquérir un savoir ou une connaissance jusqu'alors inconnue. Cela se passe en pleine forêt en un endroit appelé chez les Lega « Lutende » et chez les Binja de langilwa, « Lotɛ́ndɛ́ »

3.3. Préalables pour l'initiation

Afin d'organiser le camp de réclusion où se déroulera l'initiation il existe des préalables ou conditions à respecter scrupuleusement :

- Tous les Bami se réunissent ; La haute responsabilité revient au « Mukulu » ou le plus gradé. Bien que l'on soit Mwami l'on doit passer par une initiation spéciale appelée « Lukati » ;
- Le clan qui décide d'organiser le cycle du Bwali ou « Kigumbo » en kilega « » Kikumbo » en Kibindja, doit réunir assez de biens en nature tels, des chèvres, poules…et en espèces (aujourd'hui) en vue de faciliter au Mwami-wa-lukati de fonde la loge où doivent séjourner les esprits mythiques du Bwali ou Bwalé ;
- Les néophytes sont rasés, le corps enduit du « mukuse » ou terre rougeâtre dont l'on a fait pilage, la poudre étant ainsi mêlée à de l'huile de palme. Tous portent l'itɛkɛɛ » ou morceau de tissu passant entre les cuisses et serré à la taille (hanche), torse nu. Ils chantent du début au bout du village. Vers douze heures ils rejoignent le lotɛ́ndɛ́, en passant à tour de rôle par le « Mosembé wé Bwalé ». Avant leur entrée toutes les femmes de Mutesa se rendent obligatoirement à Lukili. L'initiation est connue sous le nom de « Bwali » chez les lega et « Bwalé » chez les Binja de Langilwa. En soi, c'est une école initiatique se renouvelant cycliquement tous les sept ans à l'occasion de la circoncision rituelle des garçons pubères. Chez les Lega elle est la porte et le fondement pour le déroulement de toute la vie et constitue une des grandes conditions d'accès aux postes de grande dignité.

En effet, c'est seulement après l'avoir subie que l'on intègre la communauté des « hommes » et être écouté, avoir un chez soi et tendre à accéder aux degrés du Bwami (l'idéal de tout Mulega). La durée était autrefois de six à douze mois, aujourd'hui de deux à trois mois. Cela permet le passage de l'enfant à l'âge adulte. L'initiation se déroule en pleine forêt car le Bwami lui-même est solidement enraciné à la forêt, c'est là que vivent les esprits qui collaborent à la cérémonie d'initiation ; Kimbilikiti, Kabile, Twamba, Mototo, Bigebibe et Sabikangwa. Au sein du groupement Langilwa, autrefois l'initiation ne concernait que les adultes ; dans la suite, l'on en vint admettre les jeunes, de neuf à dix-huit ans, voire au-delà. L'initiation revient tous les sept ans, tel chez les Lega. L'on n'entre pas pêle-mêle au lotɛ́ndɛ́ ou camp de réclusion puisqu'il existe un ordre à respecter de façon stricte. Avant tout les Balega de Kingombe regagnent la forêt accomagnés de néophytes, puis arrive le tour de Binja de Langilwa, tel indiqué : Mutesa, Benye-Ngilila, Mikalaba et enfin Ngoma. Il arrivait de fois que ces deux derniers débutaient la cérémonie le même jour. En général, il faut espacer une semaine concernant cette entrée en forêt.

D'une manière globale l'on doit considérer l'initiation comme une formation « militaire » dont le but est de cultiver l'esprit de l'endurance tant physique que morale. Pour rejoindre le lotɛ́ndɛ́, les néophytes passent avant tout par le « Mosembé wé Bwâlé » en commençant par ceux provenant de clans détenteurs, puis les autres.
Autrefois, l'on plantait un bananier le jour d'entrée au lotɛ́ndɛ́ ; la sortie au village ne pouvait avoir lieu qu'après qu'il ait produit des bananes. Aujourd'hui, l'initiation se passe pendant les grandes vacances de crainte de perturber l'année scolaire en défaveur de néophytes car la plupart d'entre eux sont des élèves.

3.3. Le séjour au camp

La vie du camp, comme toute autre forme de vie sociale, est régie par différentes normes pour permettre le bon déroulement des activités initiatiques. Ces normes sont entre-autres :

- Ne jamais cacher de la nourriture venue du village ou un objet quelconque sous peine de se voir sévèrement puni ;
- Le Kekondé qui amène du village de la nourriture aux néophytes doit avant tout en prélever une petite quantité et la manger au vu de tous afin de se soustraire de, suspicions éventuelles de cas d'empoisonnement;
- Supporter toutes les souffrances et privations sans se plaindre et surtout ne jamais crier « maman » mais « papa » car c'est grâce à celui-ci que se transmet la force virile ;

- Se plier sans mot dire aux ordres du parrain, en exécutant ses décisions soient –elles injustes ;
- Ne jamais se laisser mouiller par les eaux de pluie de crainte de voir son feu expressément éteint par le Kikondé, car à la loge l'on n'utilise ni pagne ni drap pour couvrir le corps la nuit. Seul le feu sert à lui procurer de la chaleur ;
- Tout pangolin ou « Ngáká » gros pangolin tué par un néophyte est destiné au Mwami ;
- Tout autre gibier est envoyé au village pour la nourriture à ramener au camp.

Avant de fournir une description du *lotɛ́ndɛ́,* signalons que, et chez les lega et chez les Binja, ce camp de réclusion est un lieu où l'on ne peut plus s'hasarder. Aucune femme ne peut y accéder sinon elle risque la peine de mort. S'il arrive qu'un non inité s'y rende par curiosité il se fera vite attraper ou découvrir, à partir de questions ou gestes à interpréter et contraint d'y rester afin de subir l'initiation.

Chacun des néophytes, comme pour le baptême vient avec son parrain appelé « Kekondé » dont le rôle est de le conduire à l'initiation, du début à la fin. Le Kekondé est chargé de lui amener chaque jour de la nourriture le matin et le soir. Son arrivée est annoncée par un chant à proximité du lotɛ́ndɛ́. Dès que le néophyte le perçoit, il doit immédiatement se tenir debout en chantant. Au cours de l'initiation il existe des normes telles, la résignation de néophytes devant exécuter sans grogne les ordres du parrain qui lui fait subir toutes sortes d'épreuves, telles la privation de nourriture, du feu si l'on se laissait mouiller par la pluie, et autres.

Les formateurs sont les Bami assistés des anciens et des esprits ou personnages mytiques du Bwali ou Bwalé : Kimbilikiti ou personnage central de l'initiation. Il est protecteur [112] et maître de Batɛndɛ. Il habite d'ordinaire un lieu mystérieux « Nkubu » en Kilega, « Ngulu » en Kibindja. Vient ensuite Kabile sœur du précédent et « épouse de Batɛndɛ ; Twamba ou génie qui détermine la durée du camp de réclusion. A part les Bami et ces esprits, les anciens s'y rendent régulièrement afin d'y enseigner le code moral, les usages et coutumes binja.

Les activités éducatives au lotɛndɛ : à cinq heures du matin c'est le lever suivi de bain obligatoire. Après cela intervient le petit-déjeuner apporté par les Bikondé. Les néophytes ne peuvent en aucun cas consommer des légumes mais uniquement de la viande,

[112] Les trois aliments se font accompagner de la pâte de manioc, du riz ou des bananes. Il est interdit d'amener des légumes au camp, pire les feuilles de manioc cuites, car c'est à travers elles, sous forme de nourriture que les femmes malveillantes peuvent ensorceler d'autres humains. Quant aux champignons, seule l'espèce qui présente une longue racine et connue sous le nom de « Boba bwe esé » est acceptée. Sa puissance empêche les malveillants ou sorciers de se rendre au Lotendé nuire aux néophytes.

du poisson et des champignons[113] . Les femmes qui préparent à manger au village, doivent au préalable se faire raser la tête et porter un couvre-chef lors de la cuisson des aliments afin d'assurer leur subsistance des membres de la communauté. Les néophytes de leur part sont formés à la pêche, la chasse, au piégeage, au ramassage, à la cueillette...ils rentrent au camp vers seize heures. La recherche du bois de chauffage, puiser de l'eau, constituent des corvées avant cette rentrée. En effet, c'est au sein de ce camp que s'apprend la cohésion sociale le sens de la solidarité, le respect des anciens, la discipline de soi-même, l'amour du prochain ; la loyauté et la serviabilité. Autres activités lors du séjour au camp tissage de nattes, paniers et vans, ceci permettra lors du retour au village de se procurer de l'argent, plutôt que de demeurer oisif.

Pendant tout le temps que dure le lotɛ́ndɛ́, les femmes qui travaillent le jour aux champs ou les non-initiés, doivent incessamment chanter, de crainte d'entrer en contact avec les néophytes en déplacement au sein de la même forêt, pour telle ou telle activité et ce, jusqu'à leur retour définitif au village. Au cours de cette période tous les sentiers menant aux sources d'eau potable, aux champs doivent être bien entretenus. Interdiction de bagarres, disputes entre mariés, se promener en état d'ébriété, sous peine de sanction de la part de Kimbilitiki.

3.4. Les sorties au village

La première a lieu la nuit ; elle s'appelle « Kokenda », c'est-à-dire littéralement « Ensorceler ». En sont concernés, tous les anciens adeptes et nouveaux. La première sortie se passe la nuit. Les concernés se dirigent vers le lieu de l'initiation en scandant des chansons de regret. Cette cérémonie exprime la nostalgie du village quitté depuis bien des jours. L'enfant, en Afrique noire, a soif d'entendre la voix de siens. Chaque maison doit remettre des offrandes dont les œufs, des poules, de l'argent. Comme ils sont accompagnés de génies mythiques déjà cités, les femmes, les non-initiés s'enferment chez eux. Les offrandes sont remises au-dessus soit au-dessous de la porte d'entrée de la maison aux anciens. La deuxième sortie se passe le jour, elle s'appelle « Kisulukutu » c'est-à-dire littéralement « hululement » ou cri de hibou. Elle se déroule comme suit : les nouveaux adeptes quittent la forêt et se rangent le long de la route sans se faire voir. A leur tour, les mamans sont regroupées en un seul endroit dans le but de se rassurer si l'enfant est vivant. Chaque adepte doit parler haut en citant son nom, accompagné de hululement. A titre d'exemple « Mee

[113] Le hibou, selon les croyances populaires, est un oiseau nocturne qui, dans la plupart du temps participe aux actions nuisibles de sorciers. Bien plus, dès que l'on entend son hululement l'on est sujet à toutes sortes d'inquiétude liées à la mort.

Sadiki na oyo, huu ; mombengee binge huu » Littéralement « c'est moi Sadiki, hou ! Envoyez-moi une pâte d'arachides, hou ! » si une maman n'a pas entendu la voix de son enfant, point n'est besoin de s'inquiéter, car au lotɛ́ndɛ́ les cas de maladies ne sont pas inexistants ;

La troisième sortie, telle la précédente se déroule le jour. Elle s'appelle « Kolaalábiyongwe », en kilega « Bimondo » Littéralement « jeter des tiges » il s'agit d'un jet de tiges d'une espèce végétale ressemblant à de gros roseaux. Ce jet s'effectue sur les personnes qui vivent au village : les femmes surtout, les non-initiés, d'où par précaution l'on s'enferme chez soi de crainte de se faire blesser ou battre à mort. Notons qu'avant ce jet, les adeptes cachés à très faible distance des habitations, jettent une grande quantité de fruits appelés « Bibongobo » à la famille du Mwami, juste à l'endroit où se trouve le « Mosembé wé Bwâlé » ; c'est d'ici le lieu, d'où ils avaient gagné la forêt pour l'initiation. Agir ainsi symbolise de la vengeance sur ceux qui vivent au village ; tandis qu'eux, ont longtemps séjourné en forêt sous tant de privations et brimades. Une fois atteint la limite de leur espace[114], ils rentrent en chantant pour regagner le camp. Le lendemain ils retournent définitivement au village. Si un adepte était déjà décédé au lotɛ́ndɛ́, l'on dépose alors à la porte d'entrée de la case de ses parents, un pot tacheté de blanc en signe de deuil ; stricte prohibition de mener celui-ci à bon port[115]. Actuellement, les cas de décès au camp sont devenus très rares.

3.5. La réintégration définitive

Avant la réintégration définitive dans la communauté et la famille, tous les nouveaux adeptes se font raser la tête, torse nu et revêtu d'un « Itɛkɛɛ » c'est-à-dire « jupe » à base d'écorce d'arbre ou de raphia, se rendent chez le Mwami. Peu après, ils regagnent leur famille sans parler ni serrer la main à n'importe qui. Ce geste est conditionné par la remise de cadeaux en nature ou espèces à l'initié ; œufs, poule, argent[116].

Après ce long aperçu autour de l'initiation, nous pouvons dire avec l'Abbé Charles Bilembo que *« c'est à partir de l'initiation que commençait la véritable vie ; la circoncision matérielle – intervenant quelques jours après la naissance d'un enfant du sexe masculin - n'avait pas de valeur juridique chez les Balega. C'est ainsi que les fils de militaires nés hors du Bulega, devaient passer par l'initiation même s'ils avaient été circoncis et cela*

---

114 Les Néophytes, de Mutesa ne peuvent pas violer l'espace « Benye-Lumembe ce jour-là cfr supra.

115 La mère ne peut jamais pleurer ni encore demander ce qui aurait causé la mort de son fils, de crainte de susciter de décès au sein de la famille.

116 Nous en avons été témoin oculaire à Mutesa en octobre 1988, après notre retour de Lubumbashi.

quelque fût leur âge»[117] l'abbé Mulago gwa Musharhamina abonde dans le même sens, soutenant que *« le passage de l'enfant à l'âge adulte, constitue une période critique de la vie sous plusieurs tribus africaines, une éducation intensive se fait à cette occasion, les rites accompagnant les changements psychologiques et l'éducation de cette période revêtant une grande importance pour l'individu et la société. L'individu passe dans une nouvelle phase et ce passage est irréversible*[118].

3.7. Qu'en est-il de l'avenir ?

La culture n'est pas une chose figée mais mouvante. Par tout ce qu'elle comporte de traditionnel elle se rattache au passé, mais elle a aussi son avenir, étant constamment à même de s'augmenter d'un apport inédit ou bien inversement, de perdre un de ses éléments qui tombe en désuétude[119],

En ce qui concerne l'institution Bwami et ses suites, ils vont perdurer c'est-à-dire ne jamais disparaître complètement, cela, en référence à ses origines immémoriales jusqu'à nos jours. Les non-initiés y aspirent, malgré vents et marées. Chaque tribu est conviée à protéger ses traits culturels les plus importants en l'occurrence le Bwami. Comme il s'agit d'une association ésotérique, ses responsables n'accepteront jamais son extinction. Nonobstant, si l'on effectue un pas rétrograde, il se fait remarquer de la décadence tant du point de vue qualitatif de formateurs que de formés. A titre comparatif le niveau intellectuel chez nos élèves et étudiants d'aujourd'hui à celui de ceux des décennies soixante à quatre-vingts. Au sein de notre groupement la plupart de vieilles personnes ne sont plus. L'initiation perd de plus en plus son sens profond ou primordial. Le cycle de sept ans n'est plus respecté. Les Bwami assoiffés de richesses matérielles organisent le Kikumbo quand ils le veulent.

Ayant ainsi achevé ce long exposé sur la pénétration du Bwami dans le Groupement langilwa et un mot lié à l'initiation car l'on ne peut pas dissocier les deux, vérifions au tableau comparatif s'il existerait des analogies entre le Bwami chez les Balega et les Binja du Groupement Langilwa.

---

[118] Abbé C. MULAGO GWA MUSHARHAMINA, *L'évolution du Mulega de la naissance jusqu'à la mort » in RECHERCHES AFRICAINES L'Afrique et son vécu,* n°20 Décembre 2007, BUKAVU CERDAF, pp.6-21.

[119] M. LEIRIS, *Op. Cit.* p.91.

3. Tableau comparatif entre le Bwami chez les Balega et le Bwami chez les Binja du Groupement Langilwa. Points de convergence

CHEZ LES BALEGA	CHEZ LES BINJA DE LANGILWA
• Le Bwami est rattaché à des normes, caution, initiation, investiture • Le Bwami est une institution ou association ayant quatre degrés • Le Bwami préside l'initiation • Le Mwani est « initié » ou membre du Bwami • L'Initiation est une école cyclique car elle revient tous les sept ans avec la même visée centrale ; le passage de l'enfant à l'âge adulte ou son intégration dans la communauté des hommes ; la forêt comme lieu ; • Les mêmes génies qui participent à la formation : Kimbilikiti, Kabile, Twamba...y compris les Bami et anciens (Bikundi) ; • La même durée compte tenu du rythme cyclique ou « Kigumbo » ; quelques mois au lieu d'une année, tel autre fois ; • Lors de la période d'initiation, Kimbilikiti ou personnage central du Bwăli vient de temps en temps au village sans être vu. Il regagne à la fin de l'initiation son au –delà mystérieux appelé « Nkubu » ; • Les étapes de l'initiation sont les mêmes : entrée en forêt après les préalables, trois sorties au village, puis réintégration définitive dans la famille,	• Le Bwami est rattaché à des normes, caution, initiation, investiture • Le Bwami est une institution ou association ayant quatre degrés • Le Bwami préside l'initiation • Le Mwani est « initié » ou membre du Bwami • L'Initiation est une école cyclique car elle revient tous les sept ans avec la même visée centrale ; le passage de l'enfant à l'âge adulte ou son intégration totale dans la communauté des hommes ; la forêt comme lieu ; • Les mêmes génies qui participent à la formation : Kimbilikiti, Kabile, Twamba...y compris les Bami et anciens (Bikondé) ; • La même durée compte tenu du rythme cyclique ou « Kikumbo » ; quelques mois au lieu d'une année, tel autre fois ; • Lors de la période d'initiation, Kimbilikiti ou personnage central du Bwăli vient de temps en temps au village sans être vu. Il regagne à la fin de l'initiation son au – delà mystérieux appelé « Ngolo » ou « Ngulu » • Les étapes de l'initiation sont les mêmes : entrée en forêt après les préalables, trois sorties au village, puis réintégration définitive dans la famille,

• Appel à l'endurance morale et physique ; • L'initiation comprend des normes et n'est réservée qu'aux seuls hommes ; • Ne jamais dévoiler le secret sous peine de mort, etc.	• Appel à l'endurance morale et physique ; • L'initiation comprend des normes et n'est réservée qu'aux seuls hommes ; • Ne jamais dévoiler le secret sous peine de mort, etc.

Points de Divergence

CHEZ LES BALEGA	CHEZ LES BINJA DE LANGILWA
• Le Bwami est une association politico-religieuse volontaire et en même temps méritocratique • Le Bwami de Balega est de loin antérieur à celui de Binja de Langilwa • Le Bwami est une institution purement et typiquement lega • Le Bwami n'est pas héréditaire • Le Mwami exerce un pouvoir politique • L'initiation est obligatoire à quiconque se reconnaît Mulega • Les Bami lega confèrent eux-mêmes ce grade, ils peuvent appeler les Binja, tel celui de Mutesa pour assister en se faisant accompagner ou pas. • L'initiation est le moyen d'accéder au Bwami auquel aspire tout Mulega.	• Le Bwami est une association à coloration religieuse et non politique • Le Bwami de Binja de Langilwa est postérieur à celui de Balega • Le Bwami n'est pas une institution purement et typiquement binja puisqu'il a été reçu de Balega • Le Bwami est héréditaire • Le Mwami n'exerce pas de pouvoir politique • Ce n'est pas la même conception ici ; car parmi les originaires de ce Groupement, l'on rencontre ceux qui ne lui reconnaissent aucune importance dans la vie d'où son caractère volontaire et non obligatoire. Les neveux (originaires d'autres Groupements) peuvent subir l'initiation à condition qu'ils fassent d'abord preuve de maturité et surtout de discrétion. • Les Bami de Langilwa ne peuvent jamais conférer à quelqu'un le Bwami ils font obligatoirement appel aux Lega.

Conclusion

Ayant ainsi atteint l'aboutissement de cette étude nous voudrions à présent en donner une vue d'ensemble sur la réflexion que nous venons d'en dégager. A travers les pages qui l'ont constituée, nous avons principalement posé la question de savoir le pourquoi de la participation de certains Zimba (Binja) à l'initiation au Bwami de Balega. C'est ainsi que nous avons présenté notre réflexion en quatre points :

En premier lieu, il a été présenté les généralités sur le Groupement Langilwa. En second lieu, il s'est surtout agi de décrire le Bwami en tant qu'institution. En troisième lieu, l'attention s'est focalisée sur la pénétration du Bwami dans le Groupement Langilwa et ses suites. Et enfin, en quatrième lieu, il nous a semblé utile de faire ressortir dans un tableau comparatif les points de convergence et de divergence entre le Bwami chez les Balega et les Binja de Langilwa.

Le sujet qui a fait l'objet de notre travail nous a permis de comprendre l'importance de la fécondité de contacts » en ce sens que moins un peuple sera isolé et plus il aura des ouvertures sur l'extérieur et d'occasion de contact avec d'autres peuples, emprunts, découvertes de situation et des choses ignorées apparaissent comme les moyens par lesquels, de l'extérieur ou l'intérieur une culture se transforme. L'histoire de l'humanité prouve que les progrès de la culture dépendent des occasions offertes à un groupe donné, tel celui de Langilwa, de tirer un enseignement de l'expérience de ses voisins les Lega.

Bibliographie

1. Abbé BILEMBO, C. *; « L'évolution de Mulega de la naissance jusqu'à la mort » in RECHERCHES AFRICAINES L'Afrique et son vécu*, n°20Décembre 2007 CERDAF, Bukavu.

2. Abbé MULAGO GWA MUSHARHAMINA *; Religion et Traditions des Bantous et leur vision du monde*, Presses Universitaires du Zaïre, Kinshasa, 1973.

3. *Dictionnaire le ROBERT,* Paris, 1979

4. ISIMBA KHOTTA, T. *; Le Peuple lega : son origine, ses migrations et l'impact de ses initiations traditionnelles, Thèse de Doctorat*, Volume II Université de Paris Sorbonne, 1990.

5. LEIRIS, M. ; *Cinq études d'Ethnologie,* Editions de Noël, Paris, 1969

6. MASUDI KAZUMBA., *L'impact des réformes politico-administratives territoriales sur la Modernisation de l'administration dans la Zone de Kasongo*, 1966-1977, Mémoire SPA UNAZA, inédit.

7. NDAYWEL è NZIEM, L. ; *Nouvelle histoire du Congo, Des origines à la République Démocratique,* MRAC, Tervuren, 2009.

8. N'SANDA BULELI et Alii. ; *MANIEMA, Espace et vie sous la direction de Jean OMASOMBO TSHONDA, MRAC,* Tervuren, 2011.

9. OBENGA, T. ; *Le Zaïre, civilisations traditionnelles et culture moderne, Présence Africaines,* Paris, 1977.

10. SUDI KAKUNGA, G. ; *Rapport annuel, Secteur des Maringa,* 2015, Kipaka.

11. VERHAEGEN, *B. ; Rébellions au Congo, MANIEMA Tome II C.R.I.S.P I.R.E.S.-Lovanium,* Bruxelles 1 Kinshasa, 1969.

WASSIA FERUZI Clément
Assistant 1, Histoire-SS & GP
ISP-KASONGO

EVALUATION DU NIVEAU DES CONNAISSANCES DES METHODES CONTRACEPTIVES DANS LA COMMUNE DE KASONGO

RESUME

Les méthodes contraceptives visent la régulation des naissances. Elles sont soit naturelles ou artificielles. L'une et l'autre peut présenter des limites ou inconvénients mais aussi des avantages. Cet article ne vise pas une analyse critique mais l'évaluation du niveau des connaissances de ces méthodes par la population de Kasongo.

1. INTRODUCTION

Chacun est conscient de la disparité qui s'observe entre les consommateurs et les ressources disponibles qui ne cessent de s'épuiser progressivement au fil des années. Ainsi, pour survivre, les consommateurs sont voués à une lutte pour la vie selon la loi de l'offre et de la demande. Les difficultés matérielles se radicalisent, les parents voire les Etats assistent impuissamment à cette situation à la fois douloureuse et insupportable.

La Commune de Kasongo, majoritairement habitée par les musulmans, ne fait pas exception à cette loi surtout que pour cette communauté la polygamie est une règle. Le nombre élevé d'enfants ne constitue pas une préoccupation de prise en charge mais plutôt l'expression de la vitalité familiale. C'est ainsi que certaines vertus relatives à la responsabilité directe des parents sont foulées aux pieds entraînant des conséquences telles que la délinquance juvénile, les enfants de la rue (les Koulouna) et les filles-mères.

La Commune de Kasongo se situe entre deux foyers miniers dont Bikenge à 130 Km et Salamabila Namoya à 135 Km où la prévalence au VIH-SIDA est la plus élevée de la Province du Maniema. Les mouvements de la population vers ces deux foyers miniers exposent dangereusement la Communauté Kasongolaise au risque de contamination de certaines infections si on ne maîtrise pas les méthodes de lutte appropriées aux infections sexuellement transmissibles (IST)[120] .

Dans nos écoles secondaires, les filles sont souvent victimes des violences sexuelles de la part de leurs enseignants compromettant ainsi la poursuite normale de leur scolarité. Les méthodes contraceptives les aideraient à éviter ces incidents malheureux par l'observation stricte des périodes fécondes et surtout par l'usage des dispositifs étrangers constituant la barrière susceptible d'empêcher le passage des spermatozoïdes dans l'utérus de la femme. [121]

---

[120] M. KYUMBU; et alii, *Biologie 3eme année secondaire,* MEDIASAPAUL, Kinshasa, 2012, P.39.

[121] DUFFEY, F. ; *Biologie Reproduction-hérédité-évolution*, CRP, Kinshasa, 1983, P.41.

2. DEFINITION DES CONCEPTS DE BASE

Le thème « Evaluation du niveau des connaissances des méthodes contraceptives dans la Commune de Kasongo » renvoie à la définition des certains concepts de base.

1. Evaluation : selon le Dictionnaire Petit Robert, l'évaluation est le jugement sur la valeur, le prix[122]. Pour notre recherche, l'évaluation correspond au jugement sur le niveau de connaissance des méthodes contraceptives.

2. Méthodes : selon le Dictionnaire Hachette de la langue française, la méthode est un ensemble de procédés, de moyens pour arriver à un résultat[123].

3. Contraceptif, ive : selon le même dictionnaire, contraceptif (ive) est propre à la contraception[124].

4. Contraception : selon le même dictionnaire, la contraception est l'action, le fait d'empêcher la conception, la grossesse, d'y mettre volontairement obstacle par les méthodes anti-conceptionnelles[125].

5. Commune : selon le même dictionnaire, la Commune est l'association à caractère administratif, des habitants d'une agglomération en vue de s'administrer, de se défendre, de pourvoir à la satisfaction des besoins matériels et moraux que fait naître le voisinage.[126]

6. Echantillon : Ensemble d'individus choisis comme représentatifs d'une population.[127]

3. GENERALITES SUR LES METHODES CONTRACEPTIVES

Ce travail nous permet d'élaborer une fiche didactique pouvant constituer le document de référence relatif aux méthodes contraceptives.

3.1. Les méthodes contraceptives [128]

Les méthodes contraceptives sont des méthodes qui ont pour rôle d'empêcher toute conception. Elles se répartissent en deux groupes :

- Les méthodes contraceptives naturelles et les méthodes contraceptives artificielles.

3.1.1. Les méthodes contraceptives naturelles

Ce sont des méthodes d'auto-observation en vue de l'abstinence périodique. Elles sont de trois sortes :

---

[122] Robert, P. ; *Dictionnaire Analogique et Alphabétique de la langue française*, Paris, 1993, P.78.
[123] Robert, P, *Dictionnaire Hachette de la langue française,* Hachette Paris 2010, P.985.
[124] *Idem,* p.344.
[125] *idem,* p.344.
[126] Robert P, *op.cit*, P.315.
[127] Robert P, *Op.cit,* P.512.
[128] *Ibidem*, P.344.

- La continence périodique est la méthode la plus simple qui consiste à déterminer les périodes de fécondité et d'infécondité dans le cycle mensuel de la femme et de ne réserver les rapports sexuels qu'au moment d'infécondité. Ces périodes d'infécondité constituent ce qu'on appelle « les jours sûrs » ; c'est-à-dire les jours où les rapports sexuels sont sans risque de procréation. Les couples qui ne veulent pas procréer s'abstiennent de tout rapport sexuel pendant la période féconde. Cette méthode, efficace à 70 à 80 % exige une grande maîtrise de soi de la part des conjoints et des connaissances élémentaires du cycle mensuel de la femme. Elle connaît plusieurs aspects :
- La méthode OGINO-KNAUSS : méthode qui n'admet le rapport sexuel que pendant la période des jours sûrs ;

Période stérile	Période féconde	Période stérile

1er 10eme 17eme 28eme jour du cycle

- Méthode de température : efficace à plus de 70 % ;
- Le taux d'hormone dans le sang.[129]
- **Le coït interrompu ou méthode de retrait**

Cette méthode concerne les hommes. Ils doivent se retirer avant l'éjaculation afin de n'émettre aucune goutte de sperme dans le vagin.[130] Il a été prouvé que cette méthode est efficace mais difficile à appliquer si on considère son côté psychologique.

- **L'allaitement maternel**

Après l'accouchement, la prolactine, hormone hypophysaire, stimule les glandes mammaires à secréter les laits : c'est la lactation. En stimulant la lactation, elle fait baisser la sécrétion d'œstrogène et de progestérone, hormones qui interviennent dans le processus de l'ovulation.[131] Comme ce taux baisse, l'ovulation est freinée. Après l'accouchement, l'organisme reprend progressivement ses rythmes et l'ovulation peut se déclencher à tout moment. D'où, le risque de grossesse indésirée et beaucoup d'échecs malheureusement enregistrés.

- **Les méthodes contraceptives artificielles**

Selon certains auteurs, elles représentent la contraception la plus efficace[132]. Parmi elles, notons :

---

129 J. HANDLER, *Les organes génitaux, le système endocrinien*, Rome, 1967, P.98.
130 DUFFEY, *Op. cit*, p.41.
131 Cfr. Dictionnaire petit Robert, *Op. cit*, p.344.
132 *Idem*, p.344.

- **Le stérilet**

Appelé aussi dispositif intra-utérin en abrégé DIU, placé dans l'utérus de la femme afin d'empêcher la nidation de l'œuf déjà fécondé. Le Médecin gynécologue de la femme lui choisit le stérilet qui convient mieux à sa conformation anatomique. Le stérilet reste en place tant que la femme ne veut pas de grossesse. Lorsqu'elle en désire, elle peut se le faire enlever par son médecin. Il est efficace de 75 à 80 %.

Pour toute complication, il faut consulter le médecin qui le réajustera ou le remplacera par un autre. Certains stérilets ont la possibilité de libérer certains progestatifs. Dans ces conditions, le taux d'efficacité en devient plus élevé.

- **Le diaphragme**

Il est une calotte de caoutchouc à partir d'un anneau circulaire flexible. On l'utilise comme barrage pour empêcher les spermatozoïdes d'entrer dans l'utérus et atteindre l'ovule. Avant de le poser, on peut l'enduire de spermicide ayant aussi une action contraceptive. Les diaphragmes sont efficaces de 80 à 97 % et posés avant le rapport sexuel de préférence 5 heures avant. Les femmes qui les utilisent doivent être initiées aux techniques de leur entretien, de leur mise en place et de leur retrait.

- **Le condom**

Appelé aussi capote anglaise, c'est un dispositif ayant la forme d'un petit tube en caoutchouc que les hommes appliquent sur le pénis en érection avant l'intromission lors des rapports sexuels. Il est efficace de 80 à 97 % et s'il est enduit de spermicide, son efficacité s'élève de 90 à 99 %. Il possède un petit renflement à son extrémité destiné à recueillir le sperme lors de l'éjaculation. Il est d'usage unique, et sera jeté après son utilisation.

- **La pilule**

Elle agit sur le cycle mensuel par les hormones qu'elle contient. Elle est efficace à presque 100 %. Elle aide la femme à espacer les naissances ; ce qui permet au corps de celle-ci de se reposer et de reprendre ses forces entre les grossesses. Elle se fabrique à base d'hormones synthétiques comme les œstrogènes et la progestérone. Il existe des pilules qu'on place sous la peau : ce sont des implants qui ont une action contraceptive prolongée qui peut durer plusieurs mois voire quelques années. Quant à la stérilisation (vasectomie chez l'homme, ligature des trompes chez la femme) irréversible, elle est interdite dans des nombreux pays dont la France si elle est pratiquée dans le but uniquement anticonceptionnel[133]

[133] Robert P, *Op. cit,* p.344.

4. CADRE METHODOLOGIQUE

4.1. De la méthode de la récolte des données

Dans le cadre de cette recherche, nous avons utilisé l'entretien qui présente plusieurs avantages sur le questionnaire écrit préalablement préparé.

Les questions posées sont surtout adaptées pour évaluer les objectifs de faible niveau taxonomique (connaissance, restitution, compréhension etc).[134] La descente sur terrain est alors organisée en vue de recueillir les conceptions des uns et des autres dans les différents quartiers de la Commune de Kasongo. Après l'entretien les réponses correctes ont été enregistrées et retenues et les réponses ne cadrant pas avec le sujet du travail ont été purement écartées. Par type de réponse, le pourcentage est calculé en divisant la fréquence par le nombre total des personnes enquêtées afin d'identifier la conception la plus fréquente.

4.2. Echantillon de recherche

Pour réaliser notre enquête, nous avons planifié cinq personnes par quartier soit 20 personnes à enquêter dans l'ensemble. Ces personnes, sont tirées au hasard dans les quartiers qui composent la commune de Kasongo. Le choix de ces quartiers a été inclusif pour la représentativité de la Commune de Kasongo er les personnes enquêtées sont titrées au hasard en tenant compte de l'équilibre hommes-femmes. Les questions de l'entretien ont été regroupées en cinq thèmes relatifs aux méthodes contraceptives :

1. Quelles sont les conceptions de la population de la Commune de Kasongo sur les méthodes contraceptives ?
2. Quelles sont les conceptions de la population de la commune de Kasongo sur les avantages des méthodes contraceptives ?
3. Quelles sont les conceptions de la population de la Commune de Kasongo sur les inconvénients des méthodes contraceptives ?
4. Quelles sont les conceptions de la population de la Commune de Kasongo sur l'efficacité des méthodes contraceptives ?
5. Quels sont les effets physiologiques des méthodes contraceptives modernes ?

Tableau n°01 : Effectifs de la population dans les quatre quartiers de la Commune de Kasongo.

Quartiers	H	F	Total
Kauta	5.876	5.808	11.684
Km 18	4.784	4.605	9.389

[134] J.M., DEKETELE, *Docimologie : Introduction aux concepts et aux pratiques,* CRP, SD, p.6.

Limanga	11.822	14.344	26.166
Tchatchatcha	16.319	16.755	33.074
Total	**38.801**	**41.512**	**80.313**

Source : Bureau de l'Etat civil de la Commune de Kasongo.

Légende :

- **H** : Nombre d'hommes du quartier
- **F** : Nombre des femmes du quartier

Commentaire : la Commune de Kasongo est habitée par 38.801 hommes soit 48,3 % et 41.512 femmes soit 51,7 % de la population totale.

Tableau n°02 : Effectifs des personnes interrogées dans les quatre quartiers de la Commune de Kasongo

Quartiers	H.I.	F.I.	T.P.I
Kauta	03	02	05
Km 18	02	03	05
Limanga	03	02	05
Tchatchatcha	02	03	05
Total	**10**	**10**	**20**

Légende :

H.I. : Nombre d'hommes Interrogés

F.I : Nombre des femmes interrogées

T.P.I : Total des Personnes Interrogées

Commentaire : L'équilibre entre les hommes et les femmes a été respecté dans le choix de l'échantillon des personnes à enquêter dans chaque quartier. Au total, 20 personnes dont 10 hommes et 10 femmes constituent l'échantillon de notre enquête.

5. PRESENTATION ET INTERPRETATION DES RESULTATS

1. Présentation des conceptions des enquêtés

Les différentes réponses recueillies auprès des enquêtés sont reprises dans les tableaux qui suivent, liés aux thèmes qui ont fait l'objet de l'entretien.

a. Question n°01 : Qu'entendez-vous par méthodes contraceptives ?

Tableau n°03 : Conceptions des enquêtés sur les méthodes contraceptives

Ordre	Conception des enquêtés	Fréquence	Pourcentage
C1	Je ne sais pas	02	10
C2	Méthodes d'espacement des naissances	06	30
C3	Méthodes d'infidélité entre conjoints	03	15
C4	Accord de 2 conjoints pour limiter les naissances	02	10
C5	Planification familiale	03	15
C6	Lutte contre toute forme de grosse indésirable	04	20
Total		**20**	**100**

Commentaire : De l'analyse des conceptions des enquêtés, il ressort qu'ils n'ont pas une conception complète des méthodes contraceptives. Toutes ces conceptions ne sont que partielles en fonction de l'un ou l'autre enquêté. Nous constatons que la réponse « je ne sais pas » revient à deux reprises, soit 10 % de l'ensemble des réponses recueillies. Cela signifie que le concept « méthodes contraceptives » n'est pas connu par une bonne fraction de la population de la Commune de Kasongo. Une conception considère les méthodes contraceptives comme méthode d'espacement des naissances : c'est la conception C2 (30 %).

Une autre comme méthode d'infidélité, c'est la conception C3 (15 %). Une autre comme l'accord de deux conjoints pour limiter les naissances : c'est la conception C4 (10 %). Une autre comme la planification familiale : c'est la conception C5 (15 %). Et enfin, la dernière comme une lutte contre toute forme de grossesse indésirable, c'est la conception C6 (20 %). Rappelons que les méthodes contraceptives ont pour rôle d'empêcher toute forme de conception indésirable.

b. Question n°02 : Quelles différences faites-vous entre méthodes contraceptives naturelles et méthodes contraceptives artificielles

Tableau n°04 : Conceptions des enquêtés sur la différence entre les méthodes contraceptives naturelles et les méthodes contraceptives artificielles

Ordre	Conception des enquêtés	Fréquence	Pourcentage
C1	Les méthodes contraceptives naturelles sont dictées par la coutume et les méthodes contraceptives artificielles sont modernes	06	30
C2	Les 1[eres] méthodes se transmettent des parents aux enfants et	06	30

C3 C4 C5	les secondes dans les journaux, à la radio et à la télévision. Les 1[eres] dépendent de la maîtrise de soi et les secondes de leur meilleure application. Pas de différence entre les deux méthodes Les 1[eres] méthodes sont peu fiables alors que les secondes sont plus efficaces	05 01 02	25 05 10
Total		**20**	**100**

Commentaire : la conception de la population au tour de la différence entre les méthodes contraceptives naturelles et artificielles est complètement partielle. Une conception considère que les méthodes contraceptives naturelles sont dictées par la coutume, la tradition et les méthodes contraceptives artificielles sont modernes : c'est la conception C1 (30 %). Une autre conception considère que la transmission des méthodes contraceptives naturelles se fait des parents aux enfants alors que celle des méthodes artificielles se fait dans les journaux, à la radio et à la télévision, c'est la conception C2 (30 %). Une autre conception considère que les méthodes contraceptives naturelles dépendent de la maîtrise de soi et les méthodes contraceptives artificielles, de leur meilleure application : c'est la conception C3 (25 %).

Une autre conception considère qu'il n'y a pas de différence entre les deux sortes des méthodes contraceptives : c'est la conception C4 (5 %). Enfin, une dernière conception considère que les méthodes contraceptives naturelles sont peu fiables alors que les méthodes contraceptives artificielles sont plus efficaces : c'est la conception C5 (10 %).

Rappelons que les méthodes contraceptives naturelles sont des méthodes d'auto-observation en vue de l'abstinence périodique alors que les méthodes contraceptives artificielles visent l'empêchement de la grossesse grâce aux dispositifs étrangers comme le stérilet, le diaphragme, le condom et les pilules.

c. Question n°03 : Quels sont les avantages des méthodes contraceptives ?

Tableau n°05 : Conceptions des enquêtés sur les avantages des méthodes contraceptives

Ordre	**Conception des enquêtés**	**Fréquence**	**Pourcentage**
C1	Empêcher les grossesses de toute forme	05	25
C2	Espacer les naissances	08	40
C3	Aider la famille à faire face aux aléas de la vie	02	10
C4	Reconstituer l'organisme de la maman	03	15

C5	Lutter contre les IST	02	10
Total		**20**	**100**

Commentaire : la conception des enquêtés sur les avantages des méthodes contraceptives est diversement partagée. Une conception considère que les méthodes contraceptives ont l'avantage d'empêcher les grossesses de toute forme : c'est la conception C1 (25 %), une autre conception considère que les méthodes contraceptives ont l'avantage d'espacer les naissances : c'est la conception C2 (40 %), une autre considère que les méthodes contraceptives ont l'avantage d'aider la famille à faire face aux aléas de la vie (soins médicaux, scolarisation des enfants, leur nutrition, leur habillement, et leurs loisirs) : c'est la conception C3 (10%). Une autre conception considère que les méthodes contraceptives ont l'avantage de reconstituer l'organisme de la maman : c'est la conception C4 (15 %). Enfin, la dernière conception considère que les méthodes contraceptives aident à lutter efficacement contre la transmission des infections sexuellement transmissibles : c'est la conception C5 (10%). Ajoutons que l'organisme de la maman à la fois siège de la nidation et de l'ovulation a nécessairement besoin d'un temps de repos relativement long pour se reconstituer entre les grossesses.

d. Question n°04 : Quels sont les inconvénients des méthodes contraceptives ?

Tableau n°06 : Conceptions des enquêtés sur les inconvénients des méthodes contraceptives

Ordre	**Conception des enquêtés**	**Fréquence**	**Pourcentage**
C1	Réduire sensiblement la démographie de la société ; Perte de l'orgasme	04	20
C2	Infidélité entre conjoints	04	20
C3	Infection dans le cas d'une mauvaise application	08	40
C4	Effets secondaires : irritation, nervosité, augmentation de poids,	01	5
C5	etc. Relations sexuelles par masturbation, anus, bouche, oreille	02	10
C6		01	05
Total		**20**	**100**

Commentaire : par rapport à la quatrième question relative aux inconvénients des méthodes contraceptives, il ressort qu'une conception considère que les méthodes contraceptives ont comme inconvénient de réduire sensiblement la démographie de la société : c'est la conception C.1 (20 %), une autre conception considère que les méthodes contraceptives ont comme inconvénient la perte de l'orgasme : c'est la conception C2 (20 %), une autre conception considère que les méthodes contraceptives ont comme inconvénient l'infidélité entre les conjoints : c'est la conception C3 (40 %), une autre conception considère que les méthodes contraceptives ont comme inconvénient les infections en cas de leur mauvaise application ou de leur mauvais entretien : c'est la conception C4 (5%), une conception considère que les méthodes contraceptives ont comme inconvénient la manifestation des effets secondaires : c'est la conception C5 (10 %). Enfin, une dernière conception considère que les méthodes contraceptives ont l'inconvénient de procéder aux relations sexuelles par masturbation, anus, bouche et oreille, c'est la conception C5 (5%).

Retenons que les méthodes contraceptives surtout artificielles sont réversibles dans la plupart de cas.

f. Question n°05 : Quelles sont les méthodes contraceptives modernes les plus efficaces ?

Tableau n°07 : Conceptions des enquêtés sur les deux méthodes contraceptives modernes les plus efficaces

Ordre	Conception des enquêtés	Fréquence	Pourcentage
C1	Toutes sont efficaces	02	10
C2	Condom et stérilet	07	35
C3	Condom et pilule	08	40
C4	Diaphragme et implants	02	10
C5	Relations sexuelles par anus, bouche et oreille	01	5
Total		**20**	**100**

Commentaire : il ressort qu'une conception considère que toutes les méthodes contraceptives modernes sont efficaces : c'est la conception C1 (10 %), une conception considère que le condom et le stérilet sont les deux méthodes contraceptives les plus efficaces : c'est la conception C2 (35 %), une autre considère que le condom et la pilule sont les deux méthodes contraceptives modernes les plus efficaces : c'est la conception C3 (40 %), une autre considère que le diaphragme et les implants sont les plus efficaces : c'est la conception C4 (10 %). Une dernière considère que les relations sexuelles par les orifices organiques (bouche, anus et oreille) sont les plus efficaces : c'est la conception C5 (5 %). Retenons que certains contraceptifs modernes bien enduits des spermicides correctement placés et régulièrement entretenus sont d'un taux d'efficacité croissant. Dans ce cas, le stérilet et le diaphragme sont efficaces à 80 %, le condom à 99 % et la pilule à 100 %.

f. Question n°06 : Quels sont les effets physiologiques des méthodes contraceptives modernes ?

Tableau n°08 : Conceptions des enquêtés sur les effets physiologiques des méthodes contraceptives modernes

Ordre	Conception des enquêtés	Fréquence	Pourcentage
C1	Le stérilet et diaphragme bloquent la nidation	06	30
C2	Les pilules bloquent l'ovulation	05	25
C3	Le condom inhibe l'orgasme	05	25
C4	Toutes ces méthodes empêchent la fécondation	04	20
Total		**20**	**100**

Commentaire : il ressort que le stérilet et diaphragme bloquent la nidation : c'est la conception C1 (30 %), une autre conception considère que les pilules bloquent l'ovulation : c'est la conception C2 (25 %), une autre considère que le condom inhibe l'orgasme : c'est la conception C3 (25 %). Enfin, une dernière conception considère que toutes les méthodes contraceptives modernes empêchent la fécondation : c'est la conception C4 (20%).

2. Synthèse

A la lumière de toutes les réponses recueillies auprès des enquêtés, nous pouvons en déduire ce qui suit :

a. Les méthodes contraceptives sont des méthodes qui empêchent la grossesse. Elles permettent l'espacement des naissances par des mécanismes parfois faciles à appliquer (condom, pilules orales), parfois très complexes nécessitant même l'intervention des spécialistes (stérilet, diaphragme, implants, vasectomie et ligature des trompes).

b. Les méthodes contraceptives naturelles sont des méthodes d'auto-observation, peu fiables, en vue de l'abstinence périodique. Les méthodes contraceptives artificielles dites modernes sont plus efficaces et réversibles. Elles impliquent certains dispositifs étrangers (stérilet, condom, diaphragme, pilules) en vue d'empêcher toute conception.

c. Les méthodes contraceptives ont comme avantages l'espacement des naissances, la reconstitution de l'organisme de la maman entre les grossesses et la prise en charge responsable des besoins familiaux. Elles permettent aussi de lutter efficacement contre la contamination des maladies sexuellement transmissibles. (IST).

d. Les méthodes contraceptives ont comme inconvénients la réduction sensible de la démographie, la tendance à l'infidélité entre les conjoints, la perte de l'orgasme et les infections probables en cas de contre-indication dans leurs placements, leurs soins et leurs retraits. Notons aussi la manifestation des effets secondaires comme les irritations, les hallucinations, la nervosité et l'augmentation des poids.

e. Les méthodes contraceptives naturelles sont peu fiables, les méthodes contraceptives artificielles sont reconnues plus efficaces. Certains contraceptifs modernes enduits des spermicides acquièrent un taux d'efficacité élevé. Ainsi, le stérilet intra-utérin et le diaphragme vaginal sont efficaces à 80 %, le condom à 99 % et la pilule à 100 %. Les implants (pilules injectables) sont doués d'une efficacité prolongée qui peut durer plusieurs mois voire des années.

f. Les effets physiologiques des méthodes contraceptives sont tributaires des dispositifs utilisés : le condom inhibe l'orgasme, les pilules bloquent l'ovulation, le stérilet et le diaphragme vaginal bloquent la nidation.

CONCLUSION GENERALE

Par ce travail, notre objectif était d'évaluer le niveau de connaissances des méthodes contraceptives dans la commune de Kasongo. La population de cette commune est nourrie de certaines idées et croyances et même des connaissances empiriques qui s'opposent très souvent aux conceptions scientifiques en vigueur. La santé de la reproduction humaine en général et les méthodes contraceptives en particulier, ont pour rôle d'empêcher toute conception en régulant les naissances au sein de nos familles. Ainsi, on pourra non seulement permettre à l'organisme de la maman de se reconstituer entre les grossesses, mais aussi et surtout d'assurer une bonne prise en charge responsable de sa progéniture.

La planification familiale est alors appuyée et soutenue par les méthodes contraceptives réparties en deux groupes :

Les méthodes contraceptives naturelles qui sont des méthodes d'auto-observation, mais peu fiables. Elles visent l'abstinence périodique.

Les méthodes contraceptives artificielles reconnues comme modernes, plus efficaces et réversibles. Ces méthodes impliquent les dispositifs étrangers en vue d'empêcher la grossesse sous toutes ses formes. Ces dispositifs interviennent aussi efficacement dans la lutte contre la transmission des infections sexuellement transmissibles (IST). Grâce aux campagnes de sensibilisation régulièrement organisées à l'attention de différentes couches (pères et mères des familles, élèves , étudiants et filles-mères), tous les partenaires de la santé de la reproduction humaine devront s'investir, chacun en ce qui le concerne, à enrichir le niveau des connaissances des méthodes contraceptives.

BIBLIOGRAPHIE

1. DEKETELE, J-M. ; *Docimologie : introduction aux concepts et aux pratiques,* CRP, Kinshasa, SD.

2. DUFFEY, F. ; *Biologie Reproduction-Hérédité-Evolution,* CRP Kinshasa 2012.

3. HANDLER, J. ; *Les organes génitaux, le système endocrinien,* Montecarlo, Rome, 1967.

4. KYUMBU, M. et ali. ; *Biologie 3eme années secondaires*, MEDIASPAUL, Kinshasa, 2012.

5. ROBERT P, *Dictionnaire Analogique et Alphabétique de la Langue française*, Hachette, Paris, 1993.

6. Robert P, *Dictionnaire Hachette de la langue française,* Hachette Paris, 2010.

Par :

Augustin ZAKUANI MTANGALA

Licencié Agrégé en Biologie et

Assistant à l'ISP/Kasongo

Printed by Books on Demand GmbH, Norderstedt / Germany